Margarita Sidorenko

Alles aus Wolle! Nadelfilzen

Schritt-für-Schritt-Anleitungen und Online-Videos. Für Kinder ab 6 Jahren und Anfänger

Alle Rechte vorbehalten bei copyright.gov
© 2026 Margarita Sidorenko
ISBN: 978-1-962612-30-2

Bei Fragen, Anmerkungen oder Vorschlägen kontaktieren Sie uns unter:
kostyayaroshenkocat@gmail.com

Inhaltsverzeichnis

Nadelfilzen 4
Werkzeuge und Materialien 4
Sicherheitsmaßnahmen 5

1. Wollmalerei 7
2. Applikation auf Kleidung und anderen Gegenständen 12
3. Armband 16
4. Ohrringe 20
5. Nadelfilz-Lilienblume 24
6. Filzen einer drahtgestützten Blume 30
7. Eulen-Brosche 35
8. Igel als Nadelhalter 40
9. Frosch 44
10. Schneemann – Weihnachtsbaumornament 49
11. Schnecke 54
12. Hase 61
13. Hund 70
14. Puppe auf Drahtgerüst 77
15. Nassgefilzte Puppenkleider 84

Alle Videos (Playlist) 92

Nadelfilzen ist ein sehr spannender kreativer Prozess. Sie können aus Wolle alles Mögliche herstellen: modischen Schmuck, Taschen, Bilder, gemütliche Kleidung und Wohnaccessoires, Schuhe, entzückende Figuren sowie fantastische Muster auf Stoffen. Für diese Handarbeit sind keine speziellen Vorkenntnisse erforderlich – Sie benötigen lediglich bunte Wolle, einige Werkzeuge und Geduld.

In diesem Buch erfahren Sie mehr über die verschiedenen Eigenschaften der Wolle und finden ausführliche Anleitungen zum Herstellen von Objekten mit verschiedenen Techniken. Das Buch eignet sich für Anfänger. Kinder ab 6–7 Jahren und Erwachsene jeden Alters werden diese Gegenstände herstellen können, da ihre Herstellung einfach ist. Probieren Sie es selbst aus!

Ein Stück Wolle wird mit den Fingern geformt und anschließend mit einer Spezialnadel vielfach durchstochen. Dadurch verbinden sich die Wollfasern fest miteinander und es entsteht ein gleichmäßiger Filz. Auf diese Weise kann jede beliebige Form gestaltet werden, ähnlich wie beim Modellieren.

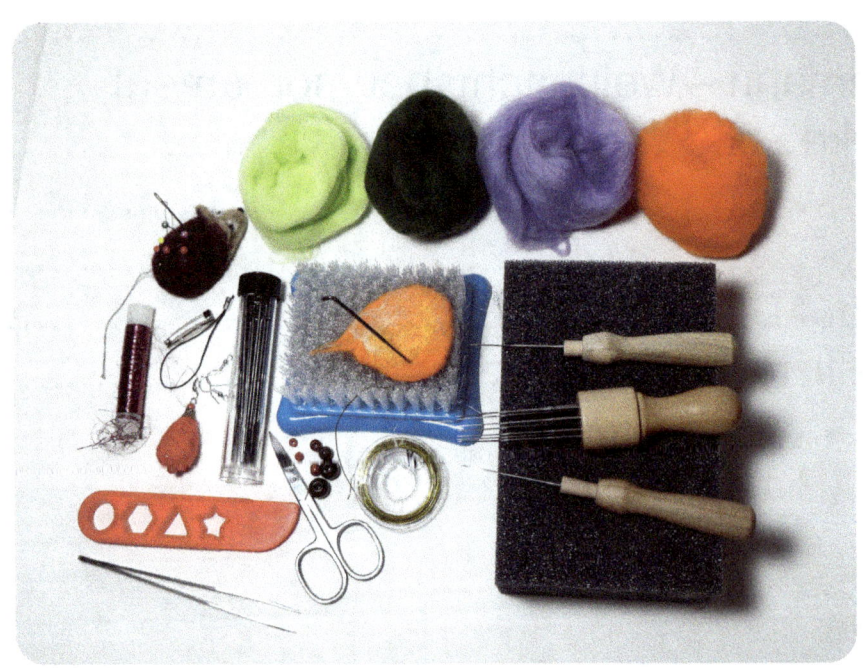

Werkzeuge und Materialien
Wolle
Für das Nadelfilzen ist nur Naturwolle geeignet, unabhängig davon, von welchem Tier sie stammt. Die zugänglichste Art ist Schafwolle. Sie besteht aus dicken Fasern, den sogenannten Deckhaaren, und weichen Daunenfasern. Je dünner die Wollfaser

ist, desto schneller filzt sie und desto leichter und weicher wird das fertige Produkt. Während des Prozesses schrumpft die Wolle erheblich (wird dichter), daher lohnt es sich, eine große Menge Material vorrätig zu halten.

Filznadeln

Nadeln haben am unteren Ende Kerben, die die Fasern greifen und so ein schnelleres und leichteres Verfangen ermöglichen. Für diese Arbeit benötigen Sie Nadeln unterschiedlicher Dicke und Form. Dünne, sternförmige Nadeln werden für die Feinarbeiten verwendet. Je höher die Nadelnummer (oder die Nummerierung), desto dünner die Nadel. Wenn Sie zum Beispiel Fell auf einer Figur schaffen möchten, verwenden Sie dünne Umkehrnädeln.

Bürstenmatten oder Schaumstoffpolster

Eine Bürstenmatte oder ein Schaumstoffpolster ist notwendig, um Ihre Finger vor Nadelstichen während des Filzens zu schützen. Eine kleine Menge Wolle wird darauf gelegt und so lange mit Nadeln durchstochen, bis die gewünschte Dichte erreicht ist. Erfahrene Handwerkerinnen empfehlen, ein Stück Viskose oder anderen weichen Stoff unter die Wolle zu legen, um zu verhindern, dass die Fasern in die Borsten der Bürste eindringen.

Sie benötigen auch zusätzliche Gegenstände wie Vorlagen – sogar Ausstechformen funktionieren – Basteldraht (glänzend, beschichtet oder unbeschichtet, der sich leicht biegen lässt und seine Form beibehält), Schere, Pinzette, Nähnadel und Nähfaden, Perlen und andere Materialien je nach Ihrer Kreativität. Zusätzlich werden Fingerhüte und Fingerschützer für sicheres Arbeiten empfohlen.

Sicherheitsmaßnahmen

Verwenden Sie bitte Fingerhüte oder Lederfingerschützer, da die Nadeln sehr scharf sind.

Einige Regeln beim Arbeiten mit Nadeln:
- Halten Sie die Nadel vertikal. Sie sollten die Nadel nicht in einem Winkel in die Wolle einführen und in einem anderen Winkel herausziehen, da dies dazu führt, dass sie sehr schnell bricht.
- Verwenden Sie Nadeln nicht zum Nassfilzen – nasse Wolle beschädigt sie.
- Lassen Sie sich beim Arbeiten mit Nadeln nicht ablenken – das ist die erste Sicherheitsregel.
- Um Verletzungen zu vermeiden, ist es ratsam, spezielle Leder- oder Silikon-Fingerhüte zum Nadelfilzen zu kaufen, da diese Ihre Finger vor Nadelstichen schützen.

Lassen Sie uns beginnen! Da ihre Herstellung einfach istIch wünsche Ihnen inspirierende Kreativität und viel Freude beim Filzen!

1. Wollmalerei

Lassen Sie uns mit der Wolle beginnen! Sie werden mit Ihren Händen arbeiten und die Eigenschaften der Wolle kennenlernen. Beginnen Sie, mit farbiger ungesponnener Wolle zu zeichnen.

Die Fasern werden Schicht für Schicht auf die Grundlage gelegt und müssen mit Glas bedeckt werden. Die entstandenen Bilder haben sanfte Aquarelleffekte und sind erstaunlich schön. Verwenden Sie:

- einen Glasrahmen;
- eine Filzfläche (Stoff);
- Schere, Pinzette;
- Wolle in verschiedenen Farben;
- das Foto des Bildes.

Sehen Sie sich das Video an*

Legen Sie Ihre Filzfläche (Tuch, Wattierung, synthetische Polsterung oder Wolle) oben auf den Kartonrahmen.

*oder siehe Seite 92 für eine Playlist aller Videos.

2

Legen Sie die Wolle in der Hintergrundfarbe aus und passen Sie die Höhe der Wollstränge (oder Fasern) mit einer Pinzette an.

3

Fügen Sie dunkelgrüne Wolle hinzu, um Striche nachzuahmen. Passen Sie die Wolle beim Auftragen mit einer Pinzette an und drücken Sie sie mit der Hand an.

4

Dann legen Sie hellgrüne, gelbe und orangefarbene Farben aus.

5

Schneiden Sie Garnstücke der gewünschten Länge entsprechend der Skizze aus und legen Sie sie auf das Bild.

6

Mischen Sie schwarze, lila- und bordeauxfarbene Wollfasern auf einer Kardierungsbürste, formen Sie kleine Kugeln und ordnen Sie die Kugeln nach der Skizze in der Mitte der Löwenzähne an.

7

Formen Sie Kreise aus weißer Wolle und fügen Sie ein paar fliederfarbene Fasern hinzu. Ordnen Sie sie um die Kugeln herum an.

8

Rollen Sie die Spitze der weißen Wollfasern mit Ihren Fingern und fügen Sie schwarze Fasern hinzu. Rollen Sie ein Ende gut auf und schneiden Sie die Oberseite mit einer Schere ab. Verteilen Sie die entstandenen Löwenzahn-Samenstände auf dem Bild.

9

Schneiden Sie die weiße Wolle in kleine Stücke und ordnen Sie sie um die Löwenzähne herum an, um ihnen eine perfekt runde Form zu geben, wie in der Skizze dargestellt.

10

Verwenden Sie eine Pinzette, um alle Details des Bildes anzupassen, und legen Sie das Glas oben auf. Schieben Sie die Wolle an den Kanten mit einer Pinzette ein und schneiden Sie sie mit einer Schere ab, wenn sie zu sehr herausragt.

Rahmen Sie die fertige Arbeit ein.

2. Applikation auf Kleidung und anderen Gegenständen

Wollapplikation kann auf gestrickten und gewebten Wollgegenständen sowie auf Filz durchgeführt werden. Die Fasern werden nach der Skizze auf das Produkt gelegt und mit einer Filznadel von vorne und hinten befestigt.

Versuchen Sie, eine Filztasche mit Wolle zu verzieren. Sie benötigen:
- eine Bürstenmatte, ein Polster;
- Schere, Pinzette;
- Wolle;
- eine Skizze für die Dekoration;
- Nadeln in verschiedenen Größen.

Nehmen Sie eine Filztasche.

3

Bereiten Sie eine Skizze der Taschendekoration auf einem Blatt Papier vor. Wählen Sie ein Farbschema. Erstellen Sie die Skizze in voller Größe, schneiden Sie sie aus und übertragen Sie sie auf die Tasche. Markieren Sie, wo die Designelemente platziert werden (in diesem Beispiel ein Delphin und die Wellen).

4

Übertragen Sie die Umrisse der Schablone auf das Produkt mit Kreide oder Bleistift. Wählen Sie selbst, was Sie basierend auf Ihrem gewählten Design zeichnen möchten.

5

Nehmen Sie eine Bürstenmatte oder ein Schaumstoffpolster (einen Schwamm). Legen Sie es in der Tasche unter das Muster. Drücken Sie die Fasern zuerst von vorne (oder von außen) nach unten.

6

Basierend auf der Skizze legen Sie zuerst die unteren Schichten des Musters aus.

7

Drehen Sie es auf die Rückseite und befestigen Sie das Design, wenn möglich. Drehen Sie es dann auf die Vorderseite und legen Sie die nächste Ebene des Designs aus. Sie können einen Teil des Designs auf das Polster rollen und dann an die Tasche heften.

8

Filzen Sie die Wellen auf dem Polster.

9

Drücken Sie das gesamte Muster auf diese Weise nach unten und drehen Sie es regelmäßig auf die Rückseite, um die Fasern zu sichern.

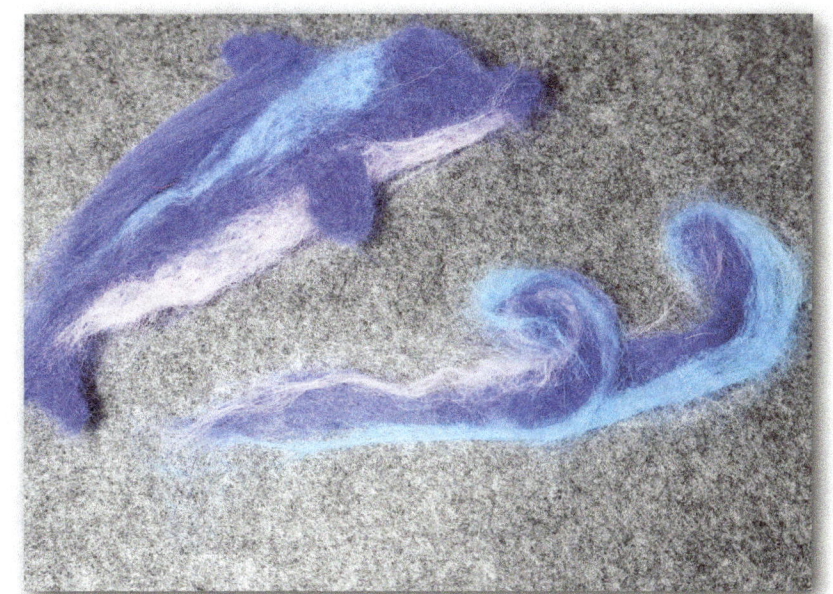

10

Verwenden Sie weiße Wollfasern, um die Kanten der Wellen und die Highlights auf dem Delphin zu erstellen. Verwenden Sie dünne Nadeln, um an kleinen Details des Designs zu arbeiten.

Wenn der Grundstoff dünn ist und seine Form nicht gut hält, verwenden Sie einen Stickrahmen. Die Tasche in diesem Beispiel ist dick, hält ihre Form gut, ist aber schwer zu durchstechen. (Sie können die Applikation separat vom Untergrund anfertigen und dann auf das Produkt nähen oder kleben.)

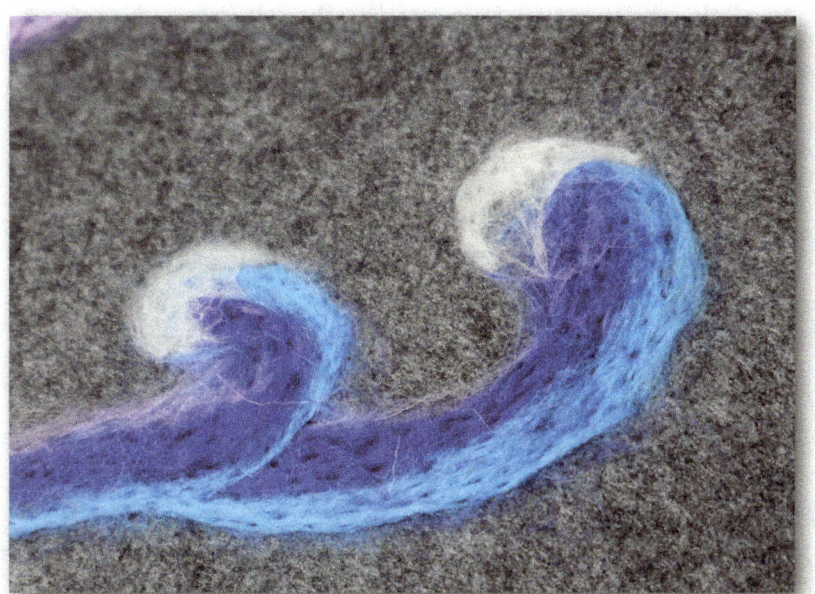

11

Fertig!

3. Armband

1

Um das Armband herzustellen, benötigen Sie:
- Schablonen in verschiedenen Formen;
- ein Gummiband für das Armband;
- ein Pfriem (Ahle);
- eine Nähnadel mit großem Öhr;
- Filznadeln in verschiedenen Größen;
- ein Polster, eine Bürste;
- Holzperlen;
- aufeinander abgestimmte Wollfarben.

2

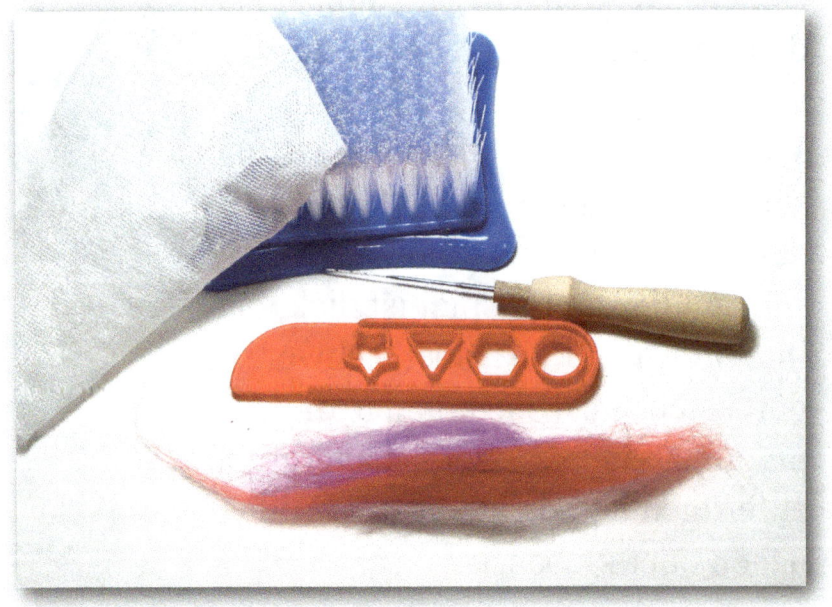

Das Armband wird aus Wollscheiben und Holzperlen hergestellt. Wählen Sie schwarze Perlen, da sie zu jeder Wollfarbe passen. Die Scheiben können einfarbig oder meliert sein. Für melierte Scheiben wählen Sie 2 oder 3 aufeinander abgestimmte Wollfarben. Wählen Sie entweder warme oder kühle Farbtöne.

3

Nehmen Sie so viel Wolle, dass sie, wenn Sie sie zu einer Kugel formen, in die Schablone passt. Formen Sie die Wolle zu einer Kugel/Masse.

4

Legen Sie die Kugel/Masse in die Schablone und durchstechen Sie sie mit einer Nadel. Drehen Sie sie häufig auf die andere Seite. Die Schablone sollte auf einem Polster (Schwamm) oder auf einer mit Stoff bedeckten Bürste platziert werden.

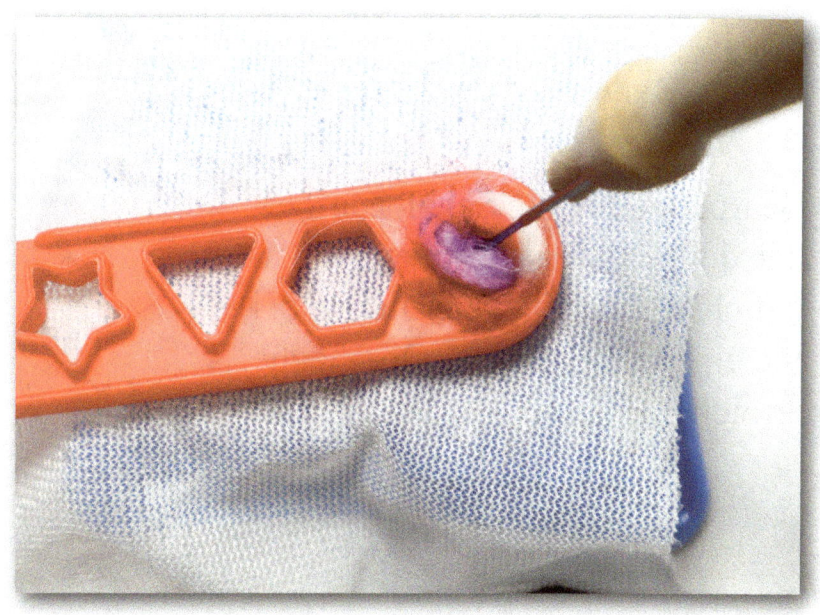

5

Nachdem die Scheibe die gewünschte Form erhalten hat, behandeln Sie die Seiten der Scheibe mit einer Nadel.

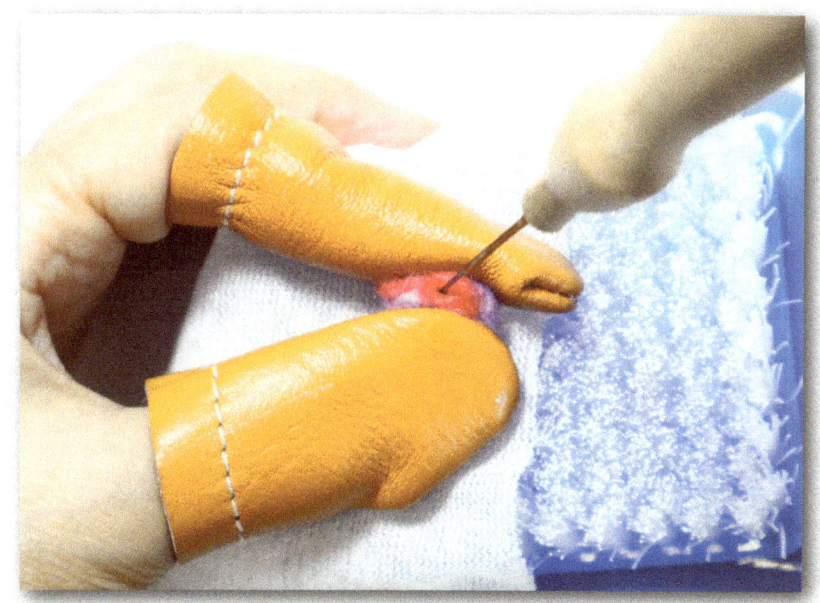

6

Für zusätzliche Sicherheit Halten Sie das Produkt zwischen zwei Stücken dickem Karton.

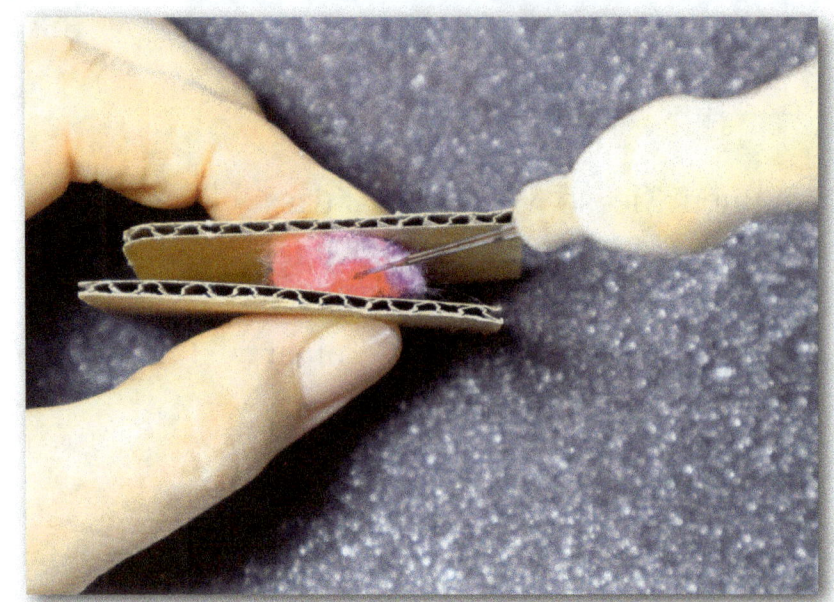

7

Bearbeiten Sie die Scheibe mit einer dünnen sternförmigen Nadel. Durchstechen Sie sie flach, bis Sie eine schöne, glatte Oberfläche erreichen.

8

Durchstechen Sie die Scheibe mit einem Pfriem und machen Sie ein Loch für das Gummiband.

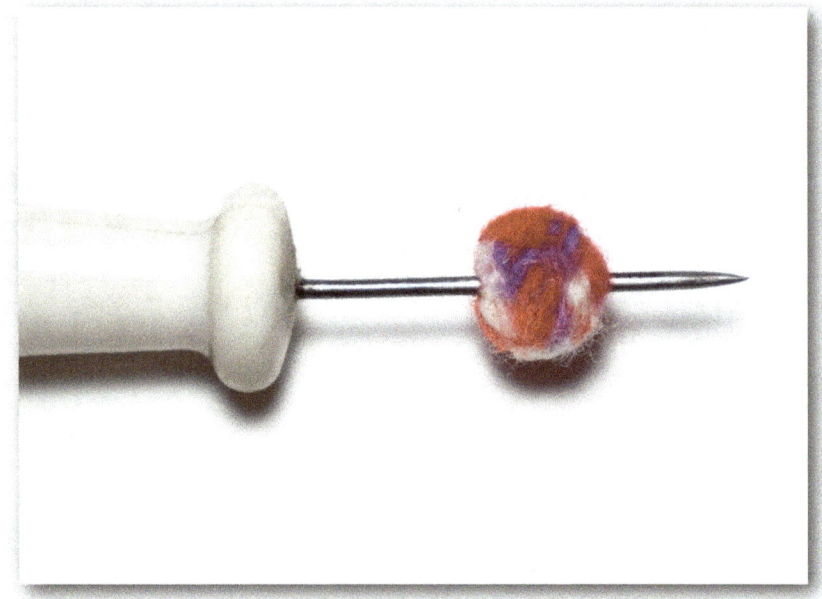

9

Fädeln Sie alle Armbandteile mit einer Nadel mit großem Öhr auf das Gummiband auf.

10

Montieren Sie das Armband, indem Sie Wollscheiben und Perlen abwechseln. Sie können auch Wollperlen verschiedener Formen im Armband verwenden – wie Dreiecke, Sterne usw. – je nach Ihren Wünschen und Möglichkeiten. Sichern Sie die Enden des Gummibands. Statt Gummi können Sie ein Seil mit Karabinern zum Befestigen verwenden.

Fertig!

4. Ohrringe

1

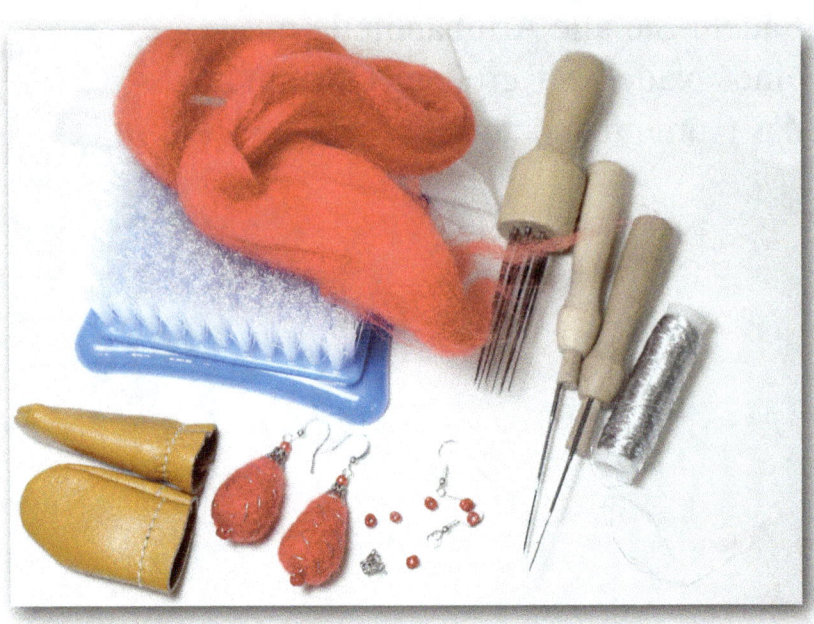

Nehmen Sie die Wolle in der Farbe Ihrer Wahl und bereiten Sie auch vor:
- Nadeln in verschiedenen Größen;
- Stoff;
- eine Bürste, ein Polster;
- Fingerhüte;
- Ohrringfassungen;
- Lurexfaden;
- Perlen;
- eine lange Nähnadel;
- Schere.

2

Teilen Sie die Wolle in zwei gleiche Teile.

3

Rollen Sie die Wolle zu einer Kugel.

4

Wickeln Sie das Ende des Wollstrangs um eine Wollkugel, legen Sie die Masse/Kugel auf die Bürste und beginnen Sie dann, sie wiederholt mit dem Nadelgriff zu durchstechen, während Sie die Kugel ständig wenden.

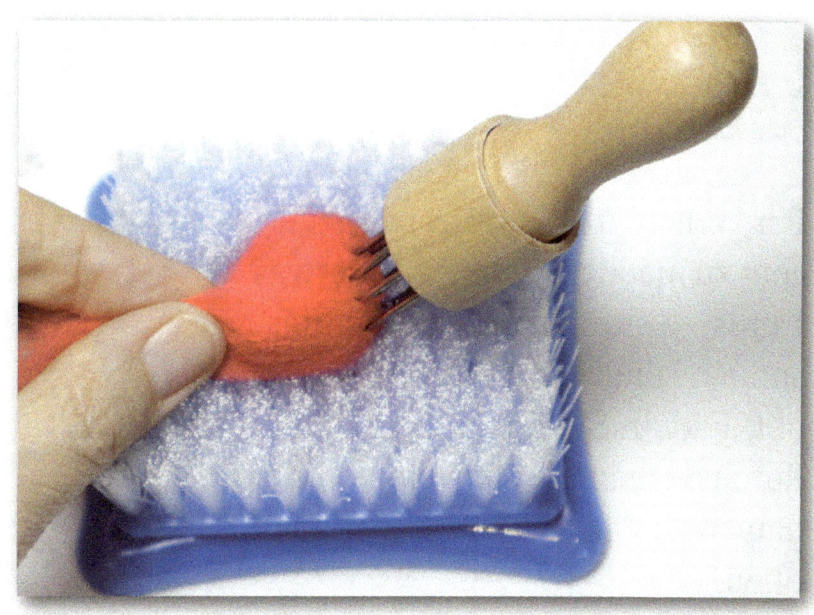

5

Bedecken Sie die Bürste mit Stoff, um zu verhindern, dass die Fasern eindringen. Durchstechen Sie sie dann mit einer dicken dreieckigen Nadel. Achten Sie auf hervorstehende Teile und fügen Sie Wolle in kleinen Strängen hinzu. Machen Sie die Stiche flach und so nah beieinander wie möglich. Je mehr Stiche es gibt, desto glatter wird die Oberfläche.

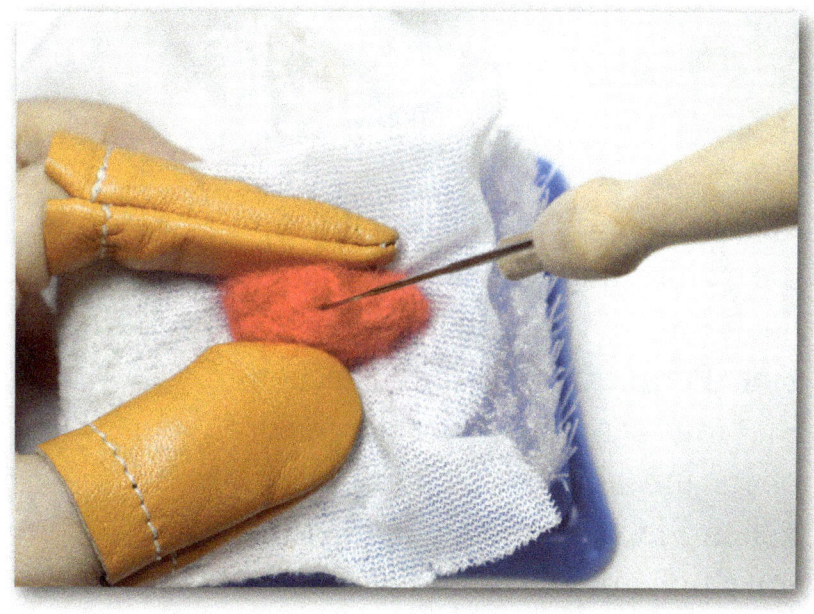

6

Fahren Sie fort, bis Sie eine tropfenförmige Form haben, die auf allen Seiten glatt ist. Wenn sie beim Drücken nicht verformt wird, haben Sie alles richtig gemacht.

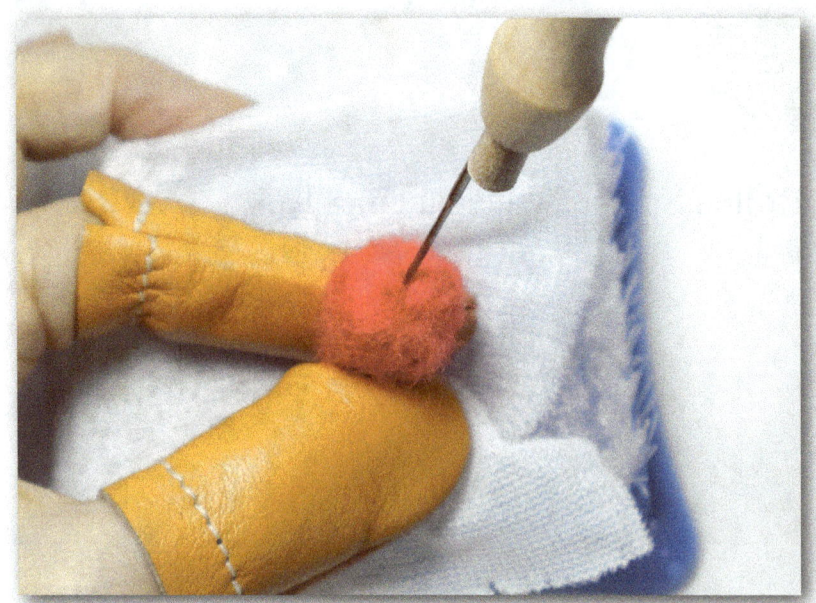

7

Um einen tropfenförmigen Ohrring zu machen, nehmen Sie etwas Lurex, Lurexfaden, Ohrringfassungen und eine lange Nähnadel. Fädeln Sie die Nadel ein und durchstechen Sie den Tropfen genau in der Mitte von unten nach oben.

8

Fädeln Sie die Ohrringteile auf die Nadel und gehen Sie wieder nach unten. Von unten fädeln Sie eine Perle auf und durchstechen Sie mit der Nadel wieder nach oben, um alles zu sichern. Dann nähen Sie um den Ohrring herum mit Stichen.

9

Fertigen Sie einen zweiten Ohrring an.

10

Verzieren Sie das Produkt nach Wunsch. Sie können auf die gleiche Weise auch einen Anhänger herstellen.

5. Nadelfilz-Lilienblume

1

Zur Herstellung einer Blume benötigen Sie:
- eine Bürste, ein Polster;
- Stoff;
- Nadeln in verschiedenen Stärken;
- Fingerhüte und dicke Pappe;
- weiße, rosa und fliederfarbene Wolle.

2

Entwirren Sie die weiße Wolle und legen Sie sie auf die Bürste. Durchstechen Sie sie mit einer dicken Dreiecknadel und formen Sie ein Blütenblatt. Halten Sie die Nadel im rechten Winkel, um sicherzustellen, dass die Durchstiche gleichmäßig und tief sind. Drehen Sie das Blütenblatt mehrmals auf die andere Seite. Verwenden Sie einen Mehrnadel-Halter, um schneller zu arbeiten.

3

Entwirren Sie einige Stränge lila und rosa Wolle.

4

Legen Sie die Fasern auf die Basis des Blütenblatts. Fixieren Sie sie von beiden Seiten mit Nadeln.

5

Bearbeiten Sie die Blütenblätter mit einer dünnen Sternnadel auf einer Unterlage und polieren Sie sie dann.

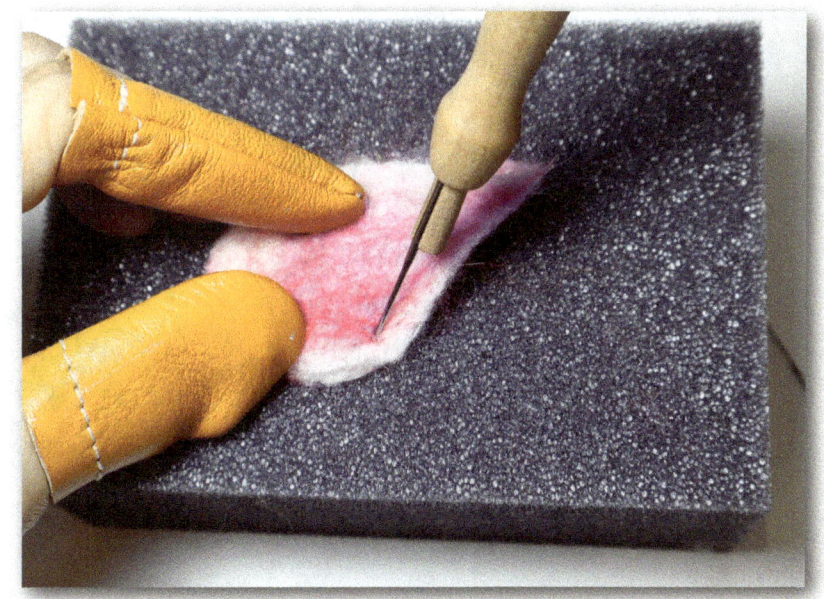

6

Bearbeiten Sie die Blütenblätter von den Enden mit einer Nadel, während Sie sie zwischen Pappstücken halten.

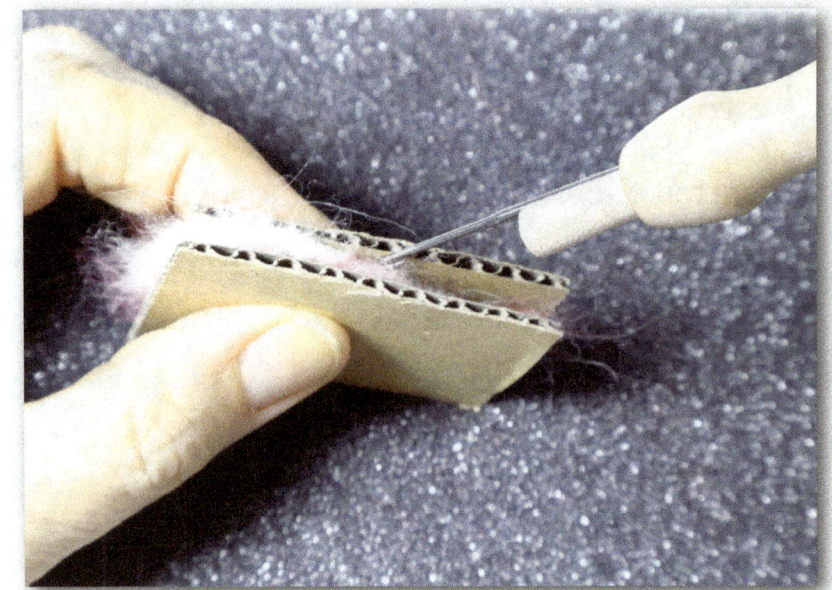

7

Fertigen Sie auf diese Weise 8 Blütenblätter an. Falls hervorstehende Fasern vorhanden sind, können Sie diese mit einer Schere abschneiden.

8

Für die Staubgefäße rollen Sie eine kleine Menge weiße Wolle in Ihren Handflächen. Durchstechen Sie sie mit einer dünnen Nadel. Machen Sie 2 Kugeln aus grüner Wolle und befestigen Sie sie auf beiden Seiten an der weißen Wolle.

9

Machen Sie ein weiteres Staubgefäß.

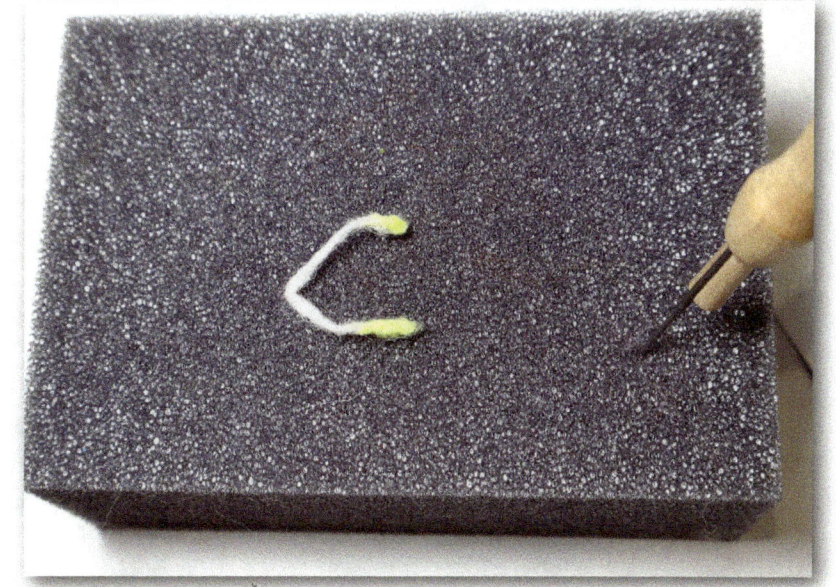

10

Machen Sie die Mitte der Blume aus gelber Wolle mit einer Schablone (siehe Armband).

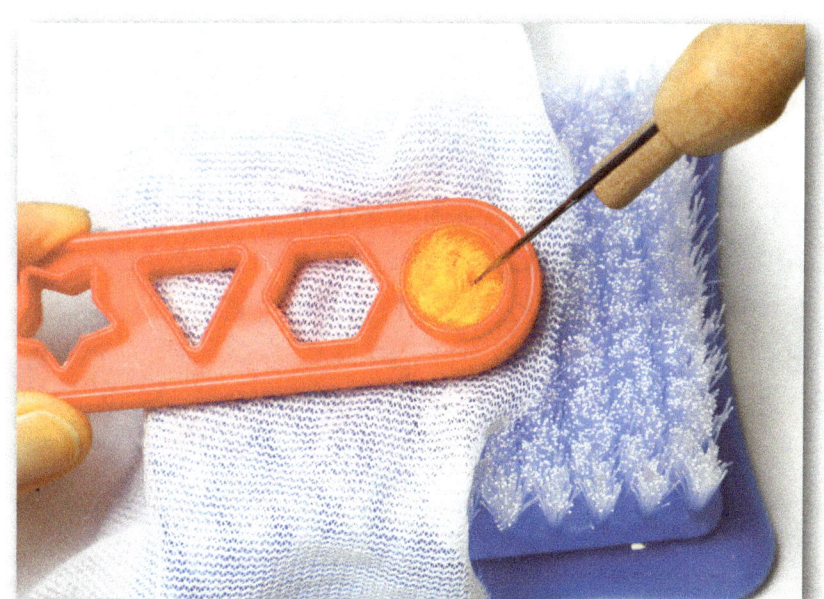

11

Verbinden Sie 4 Blütenblätter, indem Sie sie mit einer Nadel entlang der Kante durchstechen und nach innen falten.

12

Verbinden Sie die Mitte und die Blütenblätter, indem Sie sie mit einer Nadel durchstechen.

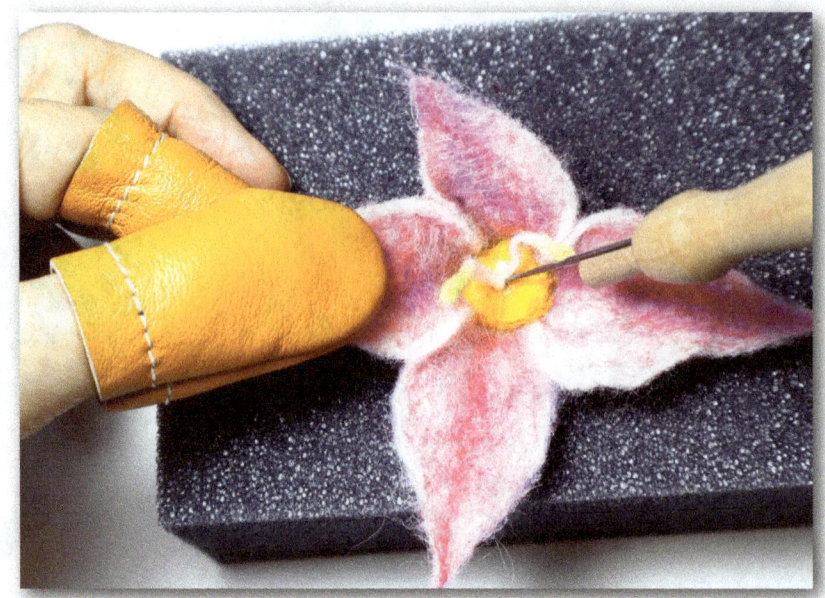

13

Legen Sie die verbleibenden Blütenblätter darunter und befestigen Sie die Mitte und die Staubgefäße.

14

Drehen Sie die Blume um und durchstechen Sie die Mitte der Blume mit einer dünnen Nadel, wobei Sie die Blütenblätter zusammenfalten.

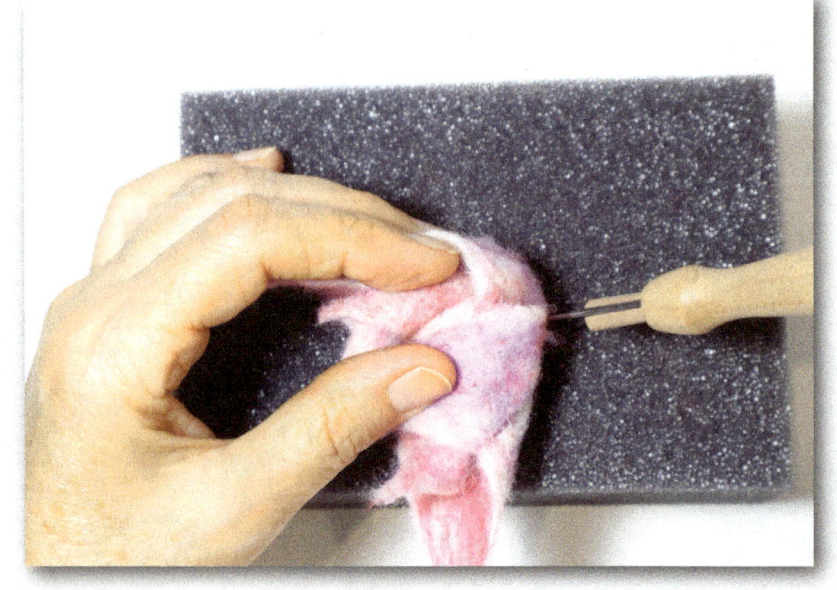

15

Sie können einen Stift an diese Blume nähen und sie als Brosche tragen.

6. Filzen einer drahtgestützten Blume

1

Sie benötigen:
- Basteldraht, 0,4 mm dick;
- Nadeln in verschiedenen Stärken;
- eine Bürste, ein Polster;
- Schere;
- orange, weiße, gelbe, dunkelgrüne und hellgrüne Wolle.

2

Schneiden Sie 5–6 Drahtteile, 20–25 cm (etwa 7,87–9,84 Zoll) lang. Biegen Sie sie zu Ringen und verzwirbeln Sie die Enden miteinander.

3

Entwirren Sie die Wolle und legen Sie sie auf die Bürste (mit Stoff bedeckt). Durchstechen Sie sie mit einer dicken Dreiecknadel oder einem Mehrnadel-Halter. Halten Sie sie im rechten Winkel, um sicherzustellen, dass die Durchstiche gleichmäßig und tief sind. Drehen Sie die Scheibe mehrmals auf die andere Seite.

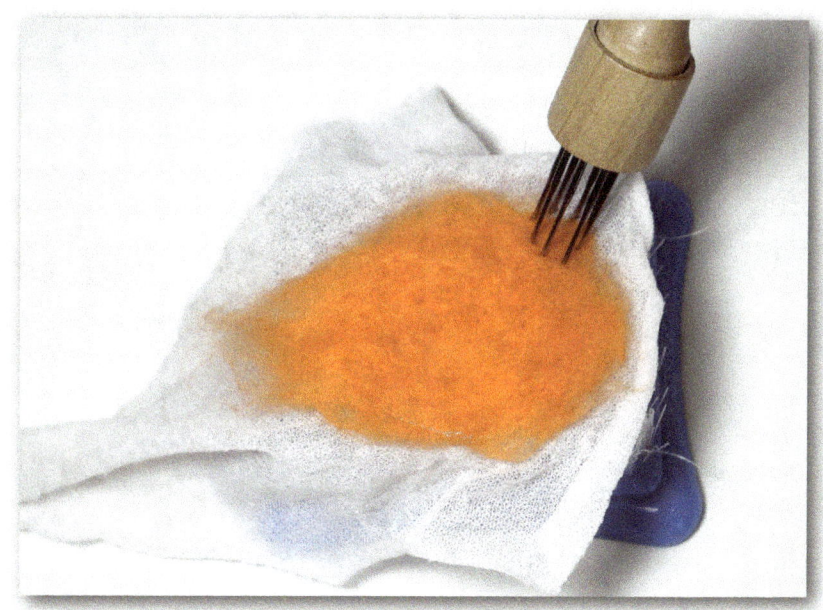

4

Legen Sie den Draht auf die Wolle und biegen Sie die Kanten um den Draht. Durchstechen Sie ihn erneut mit einem Mehrnadel-Halter, bis Sie ein Blütenblatt bekommen.

5

Legen Sie ein wenig weiße und gelbe Wolle auf die Basis des Blütenblatts und befestigen Sie es von beiden Seiten mit Nadeln.

6

Fertigen Sie auf diese Weise 5–6 Blütenblätter an.

7

Für die Staubgefäße schneiden Sie 25–30 cm (9,84–11,8 Zoll) Draht. Durchstechen Sie einen Streifen gelber Wolle und wickeln Sie ihn um die Mitte des Drahts. Durchstechen Sie vorsichtig mit einer Nadel.

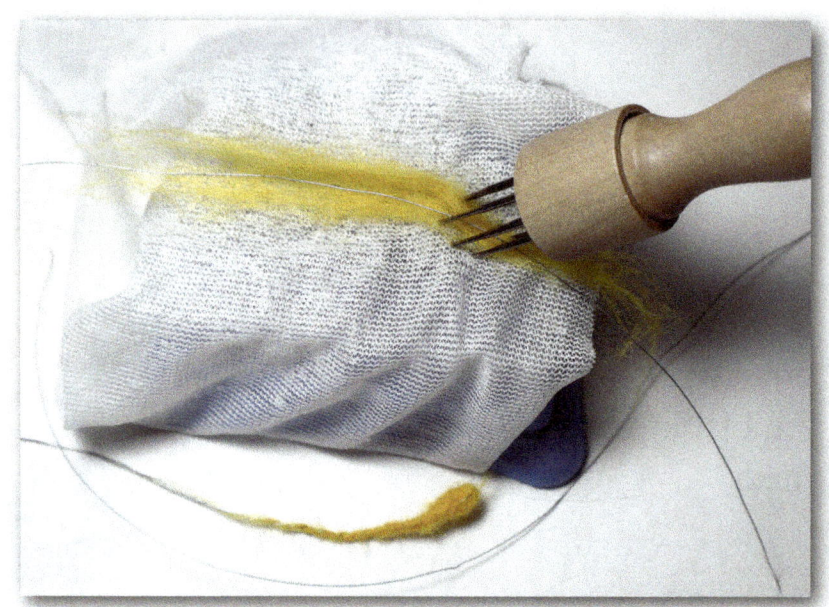

8

Falten Sie das Produkt in der Hälfte und verdrillen Sie es. Machen Sie 3 solche Stücke.

9

Legen Sie die Staubgefäße auf das Blütenblatt und verdrillen Sie die Basis.

10

Fügen Sie die verbleibenden Blütenblätter hinzu und bilden Sie eine Blume. Verdrillen Sie die Enden zu einem Stiel.

11

Entwirren Sie die helle und dunkle grüne Wolle und legen Sie sie auf die Bürste. Durchstechen Sie den Streifen Wolle mit einer Nadel.

12

Wickeln Sie einen Streifen Wolle um den Stiel der Blume und durchstechen Sie ihn, wobei Sie die Wolle um den Draht sichern.

13

Formen Sie die Blume in eine wunderschöne Form. Sie können auch Blätter hinzufügen.

7. Eulen-Brosche

1

Um diese Brosche herzustellen, benötigen Sie:
- Nadeln in verschiedenen Stärken;
- eine Bürste;
- ein Polster;
- Schere;
- beige, burgunderrote, weiße und gelbe Wolle;
- Augen und eine Broschennadel.

2

Rollen Sie die beige Wolle in eine ovale Form. Durchstechen Sie sie gründlich mit einem Nadelhalter von beiden Seiten, bis sie dicht wird.

3

Mit einer dünnen Nadel formen Sie den Hals der Eule und trennen den Kopf vom Körper.

4

Tragen Sie Leim auf die Augen auf und kleben Sie sie auf den Kopf.

5

Befestigen Sie burgunderrote Wollfasern am Hals und weiße Fasern über den Augen, um Augenbrauen zu schaffen.

6

Befestigen Sie leichte Wollfasern um die Augen als Federn.

7

Befestigen Sie die burgunderrote Wolle über den Augenbrauen und schneiden Sie sie ab. Befestigen Sie schwarze Wolle für den Schnabel.

8

Auf der Rückseite befestigen Sie schwarze Wolle entlang des Kopfrandes.

9

Befestigen Sie leichte Wolle auf der Unterseite des Produkts von der Vorderseite aus und fügen Sie burgunderrote Punkte auf dem Bauch der Eule hinzu.

10

Fixieren Sie die burgunderroten Punkte mit einer dünnen Nadel von der Rückseite.

11

Arbeiten Sie dunkle Federn ein.

12

Durchstechen Sie mit einer dünnen Nadel von der anderen Seite und sichern Sie das Muster. Nähen Sie die Broschennadel an.

13

Die Brosche ist fertig!

8. Igel als Nadelhalter

1

Zur Herstellung dieses Igels benötigen Sie:
- Nadeln in verschiedenen Stärken,
- eine Bürste;
- ein Polster;
- ein Stück Stoff;
- Wolle in Ihrer Wahl – hell für die Basis und dunkel für den Rücken;
- Fingerschützer.

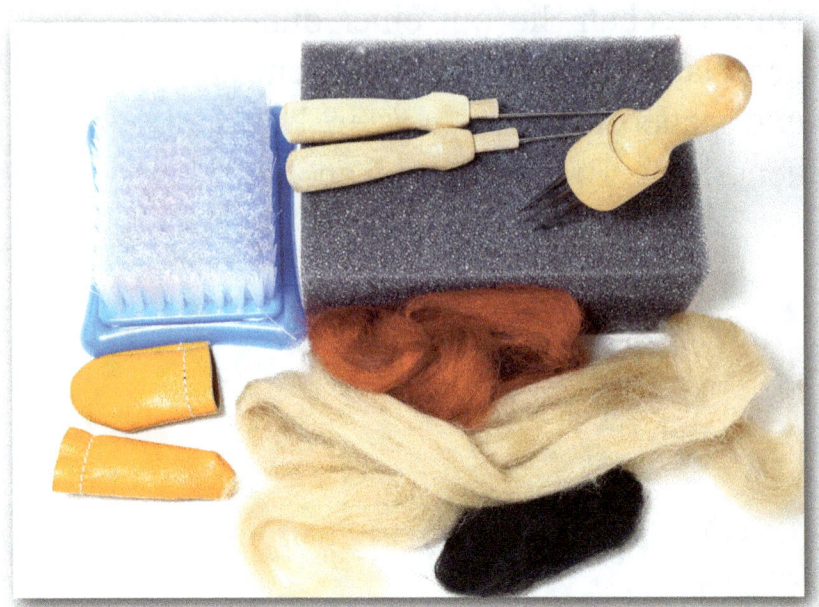

2

Nehmen Sie eine Wollmenge und bedenken Sie, dass sie beim Filzen erheblich schrumpfen wird. Drücken Sie die Wolle in Ihrer Faust zusammen, um die Größe des zukünftigen Gegenstands zu bestimmen. Rollen Sie die Wolle zu einer straffen, großen Kugel/Masse. Verteilen Sie die Enden über dem Wollstück.

3

Formen Sie die Masse in ein Oval, legen Sie sie auf die Bürste und durchstechen Sie sie wiederholt Ziehen Sie die Fingerschützer an.

4

Drehen Sie die Wollkugel und durchstechen Sie sie, bis sie eine ellipsoidale Form bildet. Formen Sie die Wollkugel so, dass sie den Körper des Igels bildet, wie beim Modellieren. Fügen Sie Wolle nach Bedarf hinzu.

5

Entwirren Sie die schwarze und bordeauxrote Wolle auf einer Kardierungsbürste und vermischen Sie die Fasern. Sie können auch braune Wolle verwenden, wenn Sie möchten.

6

Legen Sie die Wolle auf die Bürste und durchstechen Sie sie gründlich mit einem Mehrnadel-Halter. Wenn die Fasern in die Bürste fallen, bedecken Sie diese mit Stoff oder verwenden Sie ein Schaumstoffpolster.

7

Legen Sie die entstehende Schicht auf den Igel und durchstechen Sie sie mit einer dünnen Nadel, wobei Sie die Wolle mit dem Körper verbinden.

8

Nehmen Sie zwei kleine Stücke hellgefärbter Wolle für die Ohren. Durchstechen Sie die Schichten und stecken Sie die Wolle mit einer Nadel von der Kante zur Mitte, um die Ohren zu formen. Lassen Sie auf einer Seite jedes Ohrs lose Fasern herausstehen.

9

Befestigen Sie die Ohren mit einer dünnen Nadel am Körper des Igels. An der Stelle, an der die Ohren befestigt sind, stecken Sie alle losen Fasern mit der Nadel in den Körper des Igels. Legen Sie einen dünnen Wollstreifen auf die Rückseite der Ohren, damit er beide Teile (die Ohren und den Körper) bedeckt, und befestigen Sie ihn vorsichtig mit der Nadel.

10

Befestigen Sie mehrere Stränge hellgefärbter Wolle in den Augenbereichen, dann befestigen Sie Stränge schwarzer Wolle an einer Stelle für die Augen. Filzen Sie oben schwarze Wolle für die Nase an. Durchstechen Sie mit einer Nadel nur an einer Stelle. Lassen Sie die Augen glänzen, indem Sie Stecknadeln hineinstechen.

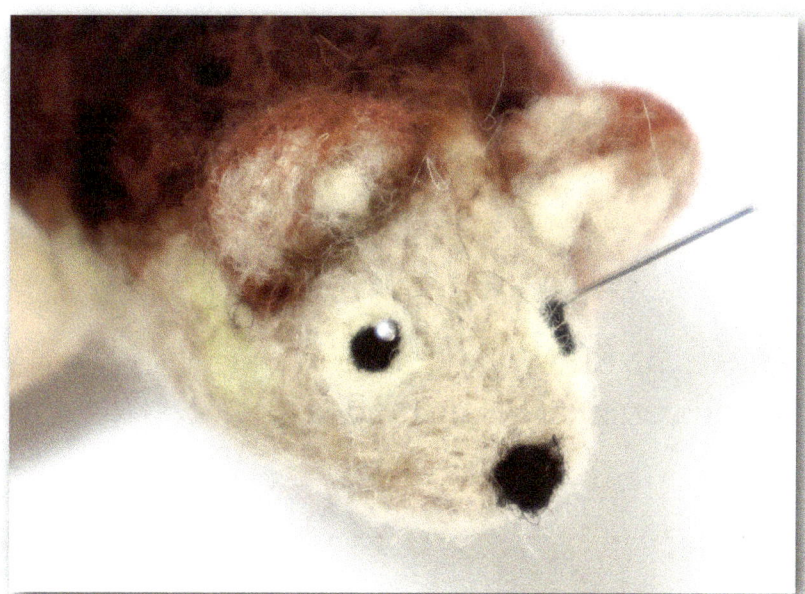

11

Der Nadelhalter ist fertig!

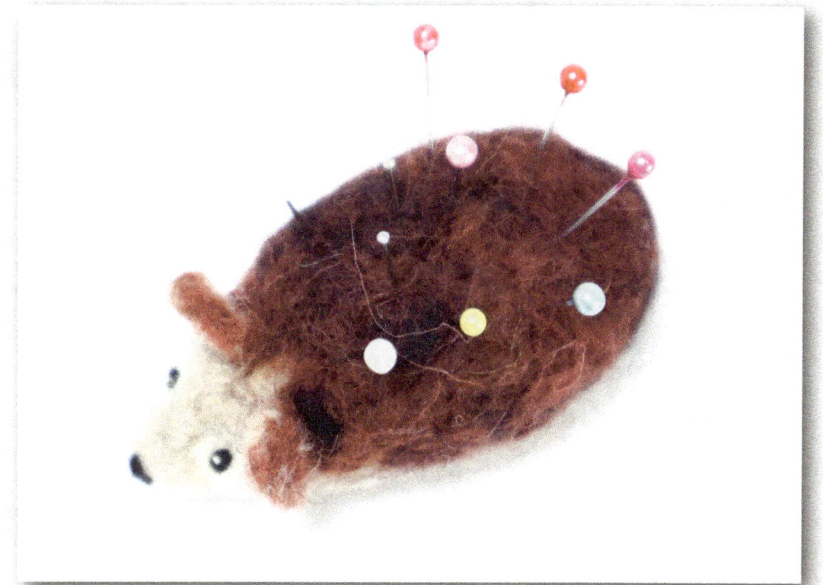

9. Frosch

1

Sie benötigen:
- Nadeln in verschiedenen Stärken;
- eine Bürste, ein Polster;
- grüne Wolle für den Körper, weiße und gelbe für den Bauch und die Augen;
- Perlen für die Augen;
- eine Nähnadel und Nähfaden.

2

Rollen Sie die Wolle in eine Masse und verteilen Sie die Enden darüber.

3

Formen Sie die Masse in eine Kugel, legen Sie sie auf die Bürste und durchstechen Sie sie wiederholt mit einem Nadelhalter, während Sie die Wollmasse drehen. Durchstechen Sie so lange, bis Sie eine dichte Kugel bekommen, die wie ein Froschkörper geformt ist.

4

Nehmen Sie jetzt eine mittelgroße Nadel und beginnen Sie, Wolle in kleinen Strängen hinzuzufügen. Machen Sie die Durchstiche flach und möglichst dicht beieinander. Je mehr Durchstiche Sie machen, desto glatter wird die Oberfläche. Verwenden Sie häufige, dünne, flache Durchstiche, um die Fasern zu verfilzen und eine glatte, dichte Oberfläche zu schaffen.

5

Nehmen Sie 4 Wollkugeln für die Beine. Jeder Teil des Gegenstands benötigt ein eigenes Stück Wolle. Befestigen Sie dann die Teile miteinander.

6

Lassen Sie an der Verbindungsstelle auf einem der Teile ein paar lose Fasern. Stechen Sie diese mit einer Nadel durch das andere Stück.

7

Legen Sie einen dünnen Streifen darauf, damit er beide Teile bedeckt, und befestigen Sie ihn vorsichtig mit einer Nadel.
Befestigen Sie alle Beine am Körper des Frosches.

8

Nehmen Sie die gelbe Wolle und machen Sie ein rundes Stück für den Bauch. Legen Sie es auf die Bürste und durchstechen Sie es wiederholt mit einem Nadelhalter.

9

Befestigen Sie den Bauch.

10

Filzen Sie grüne Kreise für die Augen und leicht kleinere weiße.

11

Verbinden Sie die Teile für die Augen und nähen Sie Perlen darauf.

12

Befestigen Sie schließlich die Augen am Körper des Frosches, genauso wie Sie die anderen Teile befestigt haben.

13

Verwenden Sie eine dünne Nadel, um mehrere Stränge schwarzer Wolle für den Mund zu befestigen.

14

Der Frosch ist fertig!

10. Schneemann – Weihnachtsbaumornament

1

Sie benötigen:
- Nadeln in verschiedenen Stärken;
- eine Bürste;
- ein Polster;
- weiße Wolle, gelbe und rote für den Hut, schwarze für die Augen, orange für die Nase und violette für den Schal;
- Perlen und einen Ornamenthaken;
- eine lange Nähnadel und Nähfaden.

2

Nehmen Sie weiße Wolle, formen Sie sie zu einer länglichen Kugel, legen Sie sie auf die Bürste und durchstechen Sie sie wiederholt mit einem Nadelhalter.

3

Auf dem Polster erstellen Sie mit einer Dreiecknadel eine dichte Rolle. Durchstechen Sie sie dann mit einer dicken Dreiecknadel. Achten Sie auf hervorstehende Teile und fügen Sie Wolle in kleinen Strängen hinzu. Machen Sie die Durchstiche flach und möglichst dicht beieinander. Je mehr Durchstiche es gibt, desto glatter wird die Oberfläche.

4

Durchstechen Sie den Hals mit einer dünnen Nadel. Bearbeiten Sie die gesamte Oberfläche des Spielzeugs mit einer dünnen sternförmigen Nadel.

5

Verwenden Sie die rote Wolle auf der Bürste und formen Sie mit einem Nadelhalter ein flaches Stück für den Hut.

6

Filzen Sie einen gelben Streifen für die Hutgarnitur.

7

Filzen Sie eine orange Möhre für die Nase.

8

Befestigen Sie den Hut am Schneemann und befestigen Sie die Nase vorsichtig mit einer dünnen Nadel. Befestigen Sie mehrere Stränge schwarzer Wolle (für die Augen und den Mund).

9

Filzen Sie einen Streifen für den Schal.

10

Wickeln Sie den Schal um den Hals des Schneemanns und befestigen Sie ihn am Körper, indem Sie ihn mit einer dünnen Nadel durchstechen. Schneiden Sie die Enden des Schals mit einer Schere ab.

11

Nehmen Sie eine Nähnadel mit weißem Faden und nähen Sie die Perlen wie Knöpfe an.

Nähen Sie den Ornamenthaken an, und das Spielzeug ist fertig.

11. Schnecke

1

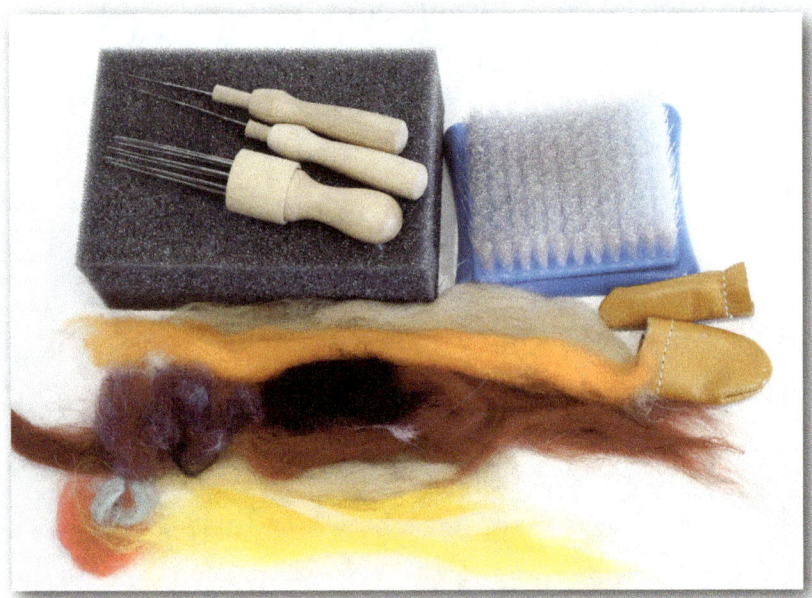

Nehmen Sie Wolle in verschiedenen Farben Ihrer Wahl. Für die Schnecke in diesem Beispiel werden bordeauxrote, orange, gelbe, beige sowie ein wenig rote und grüne Wolle verwendet. Sie benötigen auch:
- ein Polster;
- Nadeln;
- eine Bürste;
- Fingerhüte;
- Stoff;
- ein kleines Stück Schaumgummi.

2

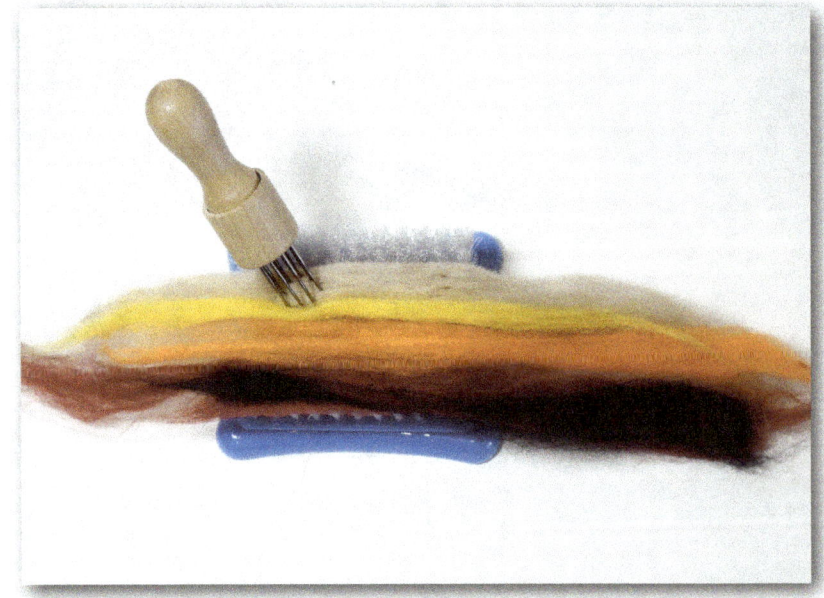

Falten Sie die Wolle aller Farben zu einem Streifen. Legen Sie den Streifen auf die Bürste und durchstechen Sie ihn mit einem Nadelgriff. Machen Sie den Streifen dicht und dick.

3

Rollen Sie den Streifen zu einer spiralförmigen Rolle und befestigen Sie ihn mit einer dünnen Nadel. Formen Sie die Kanten der Schale.

4

Nehmen Sie einen Schwamm oder Schaumgummi und rollen Sie ihn zu einer Rolle.

5

Legen Sie den Schaumgummi in die Schale und sichern Sie die Kanten der Schale, indem Sie sie mit einer Nadel durchstechen.

6

Formen Sie den Boden der Schale, indem Sie ein Stück Wolle auf der Bürste durchstechen und es mehrmals umdrehen.

7

Befestigen Sie den Boden der Schale an den Kanten von außen und von innen.

8

Drehen Sie das Stück um und durchstechen Sie es mit einer Nadel, wobei Sie mehrmals eine Schale formen und eine gute, starke Form erhalten.

9

Für den Körper der Schnecke mischen Sie gelbe, orange und beige Wolle.

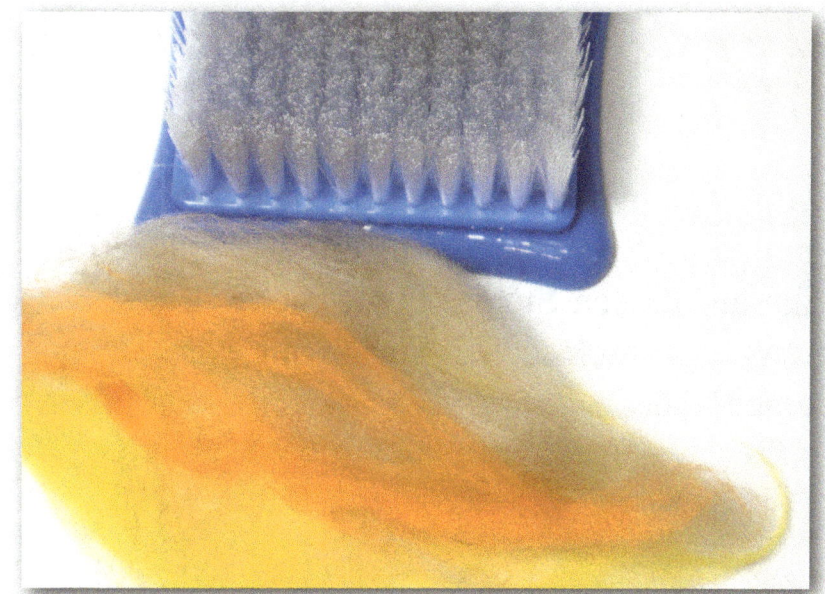

10

Legen Sie die Wolle auf die Bürste und Formen Sie einen Strang/eine Wurst mit einem Mehrnadel-Halter.

11

Formen Sie eine Kugean einem Ende und formen Sie den Kopf der Schnecke mit einer Nadel.

12

Ummanteln Sie den Kopf mit hellgefärbter Wolle und filzen Sie ihn an. Ziehen Sie die Fühler heraus und durchstechen Sie sie mit einer Nadel.

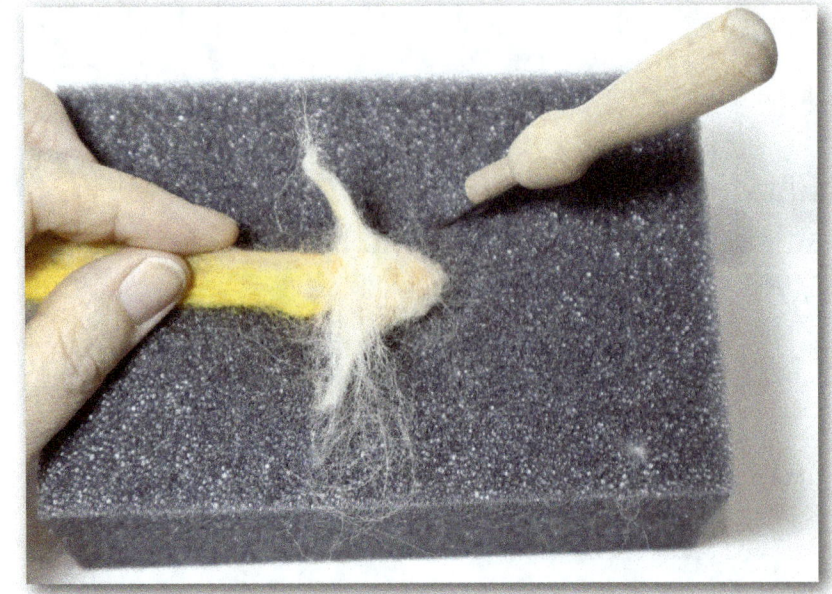

13

Filzen Sie zwei kleine grüne Kugeln für die Augen und befestigen Sie sie auf den Fühlern. Um zu verhindern, dass die Wolle in die Bürste fällt, bedecken Sie sie mit Stoff.

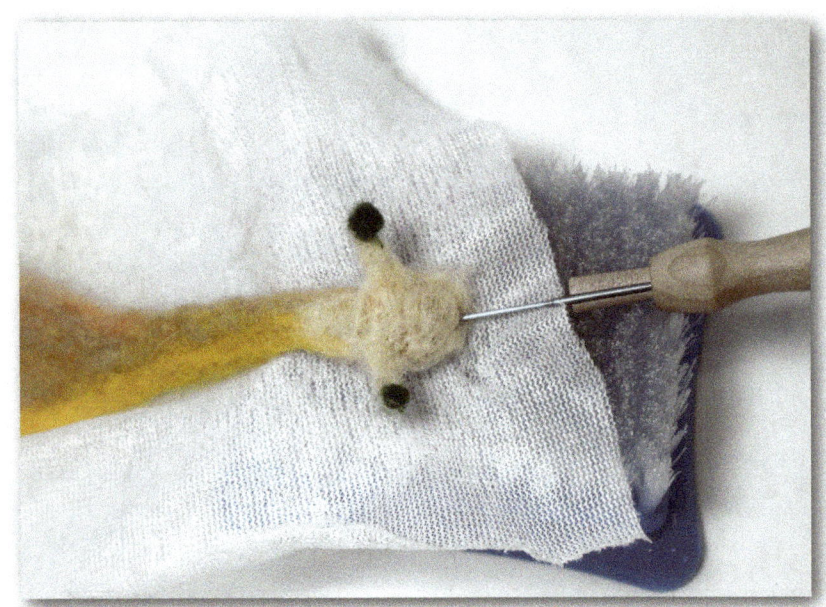

14

Befestigen Sie die Schale am Körper der Schnecke.

15

Drehen Sie es um und befestigen Sie alles erneut sicher.

16

Befestigen Sie den Hals der Schnecke an der Schale, dann Wenden Sie es auf die rechte Seite. Formen Sie eine stabile Form.

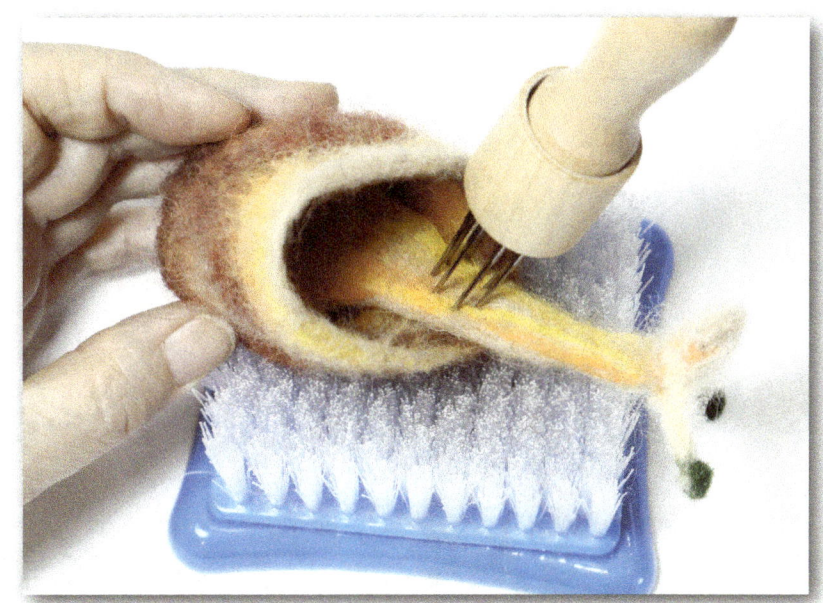

17

Verwenden Sie eine dünne Nadel, um einen Mund aus mehreren Strängen roter Wolle zu machen.

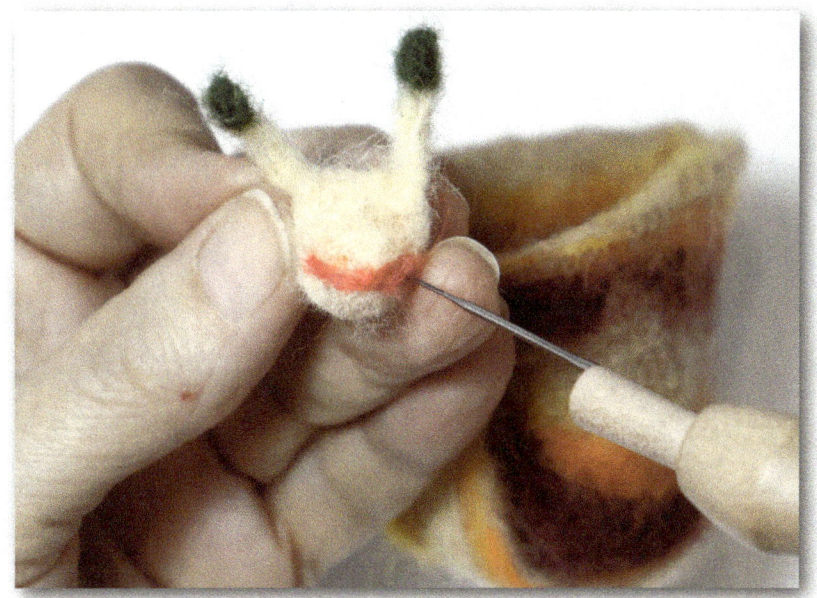

18

Die Schnecke ist fertig! Sie kann als Schmuckkasten oder für andere kleine Gegenstände verwendet werden.

12. Hase

1

Zur Herstellung dieses Spielzeugs nehmen Sie graue Wolle, weiße und rosa Wolle für den Bauch und die Nase sowie braune Wolle für die Pfoten und Ohren. Sie benötigen auch:
- ein Polster;
- Nadeln;
- eine Bürste, Stoff;
- Fingerhüte;
- eine Nähnadel;
- Nähfaden;
- Perlen für die Augen.

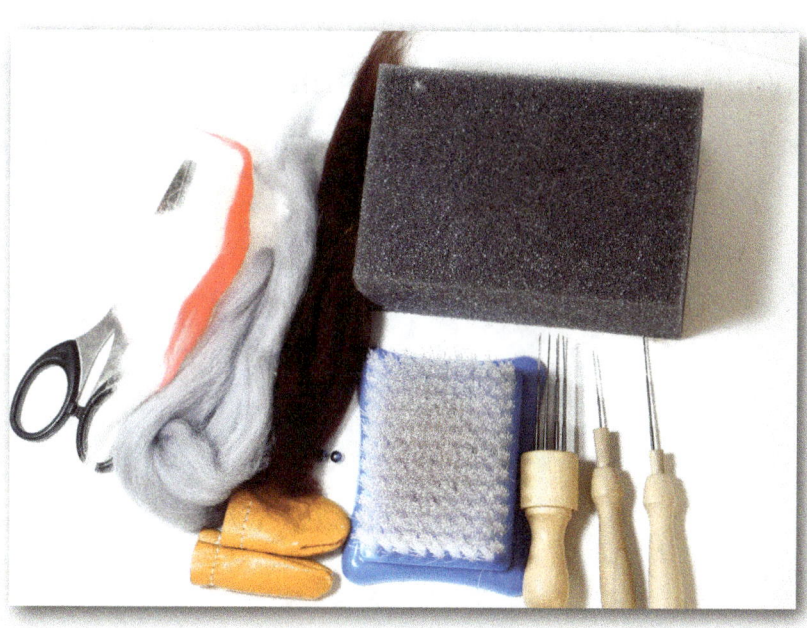

2

Körper. Nehmen Sie einen Wollstreifen, formen Sie ihn in Ihrer Faust zu einer Kugel und spüren Sie das Volumen des zukünftigen Spielzeugs. Formen Sie eine Kugel in der Mitte des Strangs und eine andere kleine Kugel am Ende des Strangs. Verteilen Sie die Enden der Kugeln.

3

Verstecken Sie die Kugeln in der Wolle, um der Masse eine Birnenform zu geben.

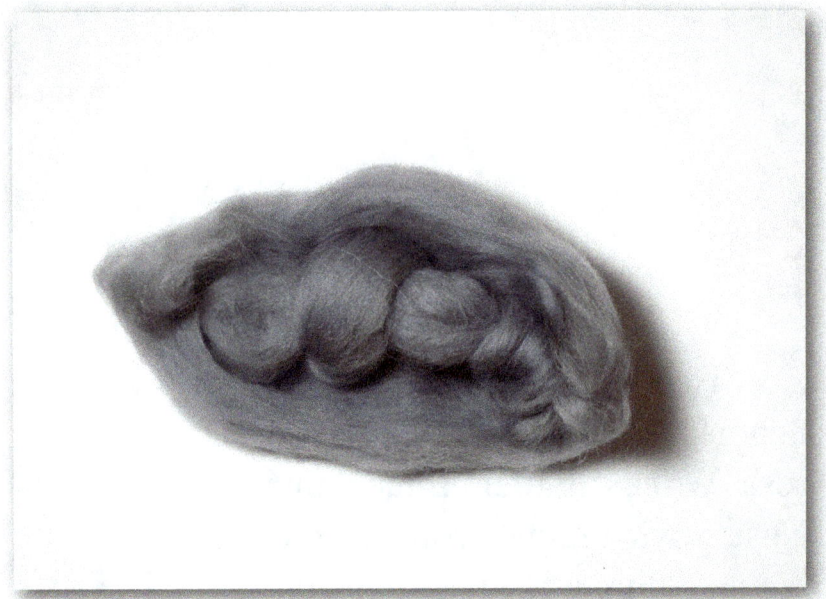

4

Legen Sie das Stück auf die Bürste und durchstechen Sie es mit dem Nadelhalter.

5

Drehen Sie die Wollkugel herum und durchstechen Sie sie, bis Sie ein dichtes birnenförmiges Stück bekommen.

6

Bauch. Nehmen Sie weiße Wolle, legen Sie sie auf die Bürste und machen Sie ein ovales Stück für den Bauch, indem Sie es mit einem Mehrnadel-Halter durchstechen. Befestigen Sie den Bauch am Körper des Häschens.

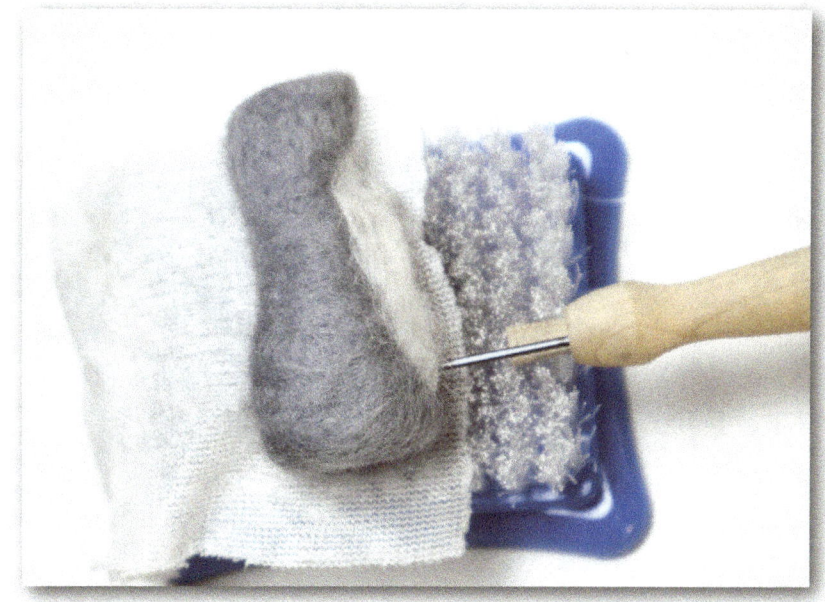

7

Nehmen Sie zwei Wollstränge für die Ohren. Filzen Sie die Ohren und lassen Sie lose Stränge an einem Ende, um sie am Kopf zu befestigen.

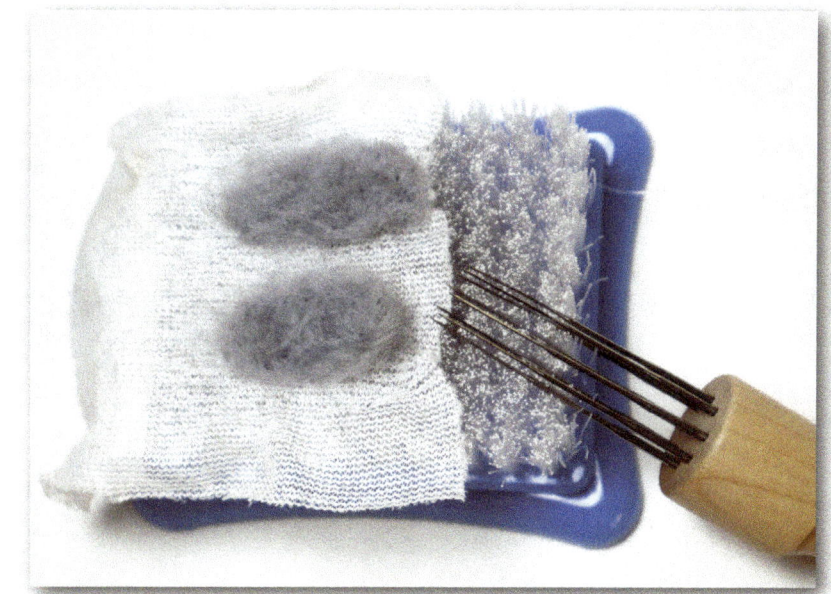

8

Befestigen Sie die Ohren mit einer dünnen Nadel und einem zusätzlichen Wollstreifen am Kopf.

9

Befestigen Sie ein Stück dunkler oder weißer Wolle an den Ohren.

10

Schnauze. Formen Sie den Kopf aktiv, indem Sie den Nackenbereich kräftig durchstechen.

11

Nähen Sie die Perlenaugen mit einer Nähnadel am Kopf an und ziehen Sie sie fest zusammen.

12

Befestigen Sie einen Wollstreifen als Augenbrauen über den Augen.

13

Befestigen Sie einen dünnen weißen Wollstreifen um die Augen.

14

Filzen Sie vier kleine weiße Kugeln für das Gesicht (zwei Backen, Kinn und Nase) und eine rote für die Nase.

15

Befestigen Sie die Nase mit einem rosa Stück.

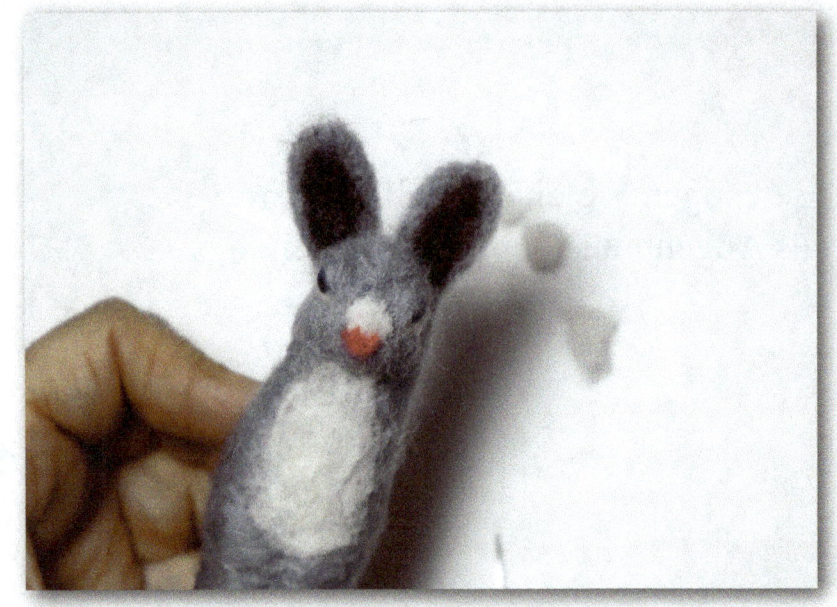

16

Befestigen Sie dann die Backen und das Kinn. Befestigen Sie einen roten Streifen für den Mund.

17

Filzen Sie zwei Beinpaare. Formen Sie die Hinterbeine kürzer. Lassen Sie an ihren Enden lose Fasern, um sie mit dem Körper zu verbinden.

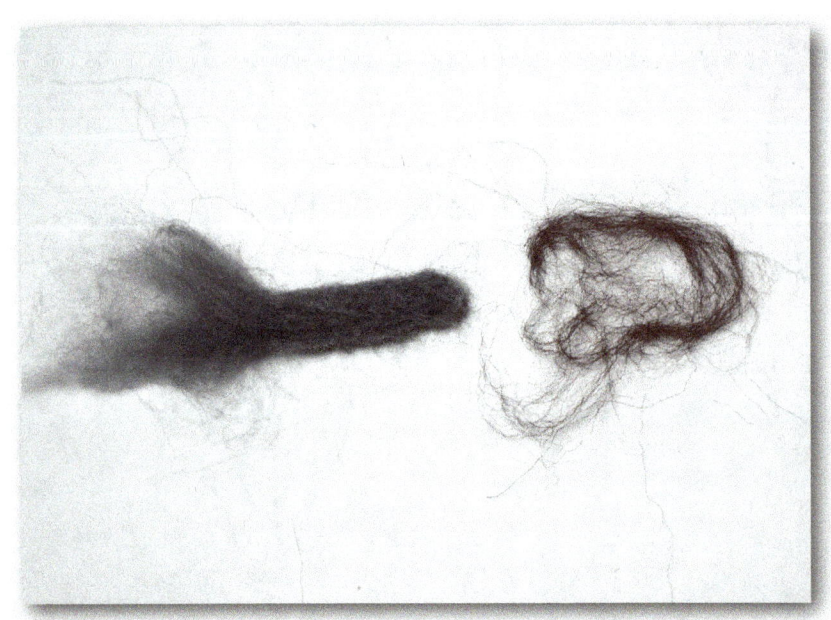

18

Füllen Sie die Enden der Pfoten mit dunkler oder weißer Wolle.

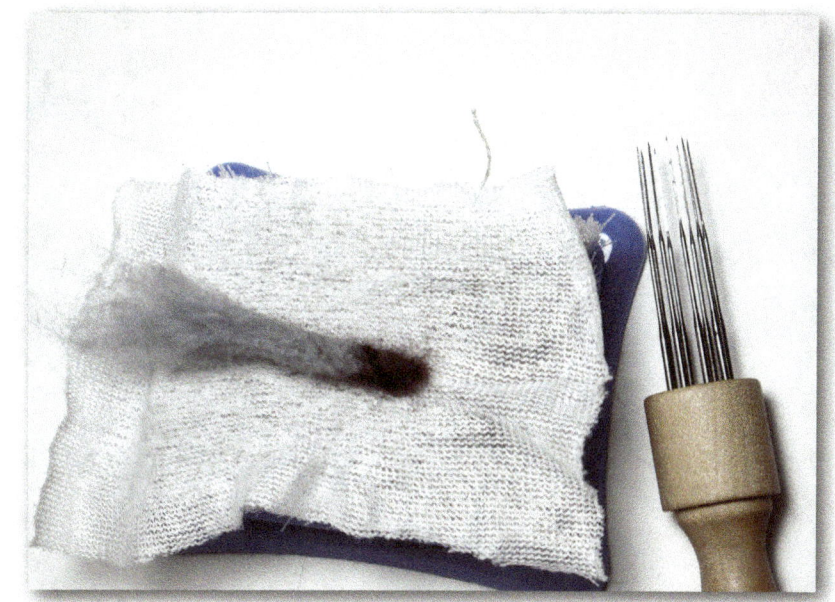

19

Befestigen Sie die Beine am Körper.

20

Fügen Sie mehr Wolle am Rücken hinzu und glätten Sie die Oberfläche.

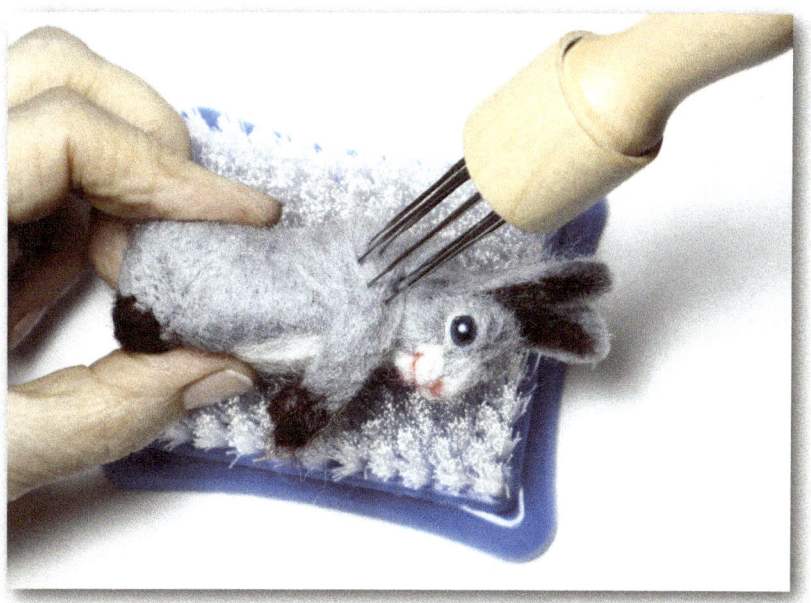

21

Filzen Sie einen Schwanz aus grauer Wolle und fügen Sie weiße Wolle hinzu.

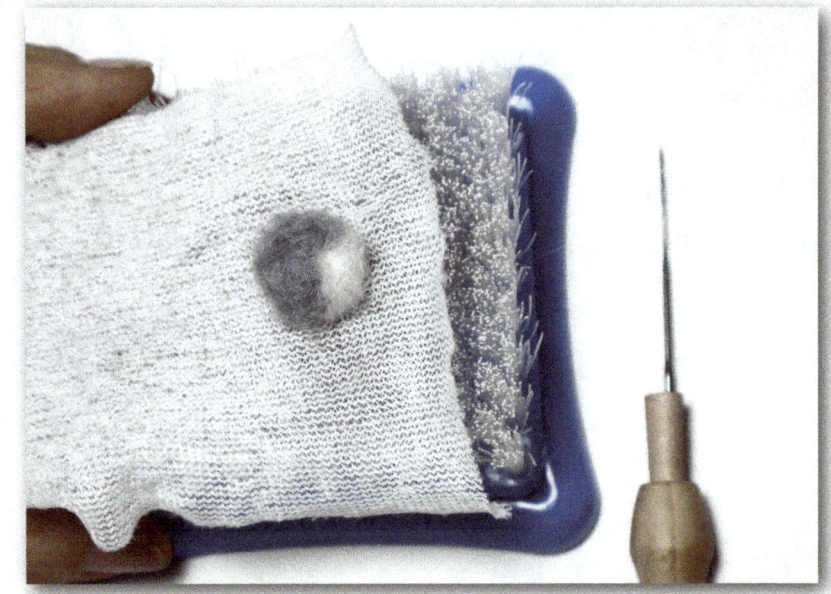

22

Befestigen Sie den Schwanz mit grauen Wollfasern am Körper des Häschens.

23

Beenden Sie das Kunstwerk mit einer dünnen Nadel.

24

Das Häschen ist fertig!

13. Hund

Sie benötigen:
- Nadeln in verschiedenen Stärken;
- eine Bürste, ein Polster;
- beige und braune Wolle für die Augen, schwarze für die Nase;
- Basteldraht, 0,4 mm dick;
- Schere;
- Zahnstocher.

2

Schneiden Sie drei Drahtstücke, jeweils 30 cm (etwa 11,8 Zoll) lang.

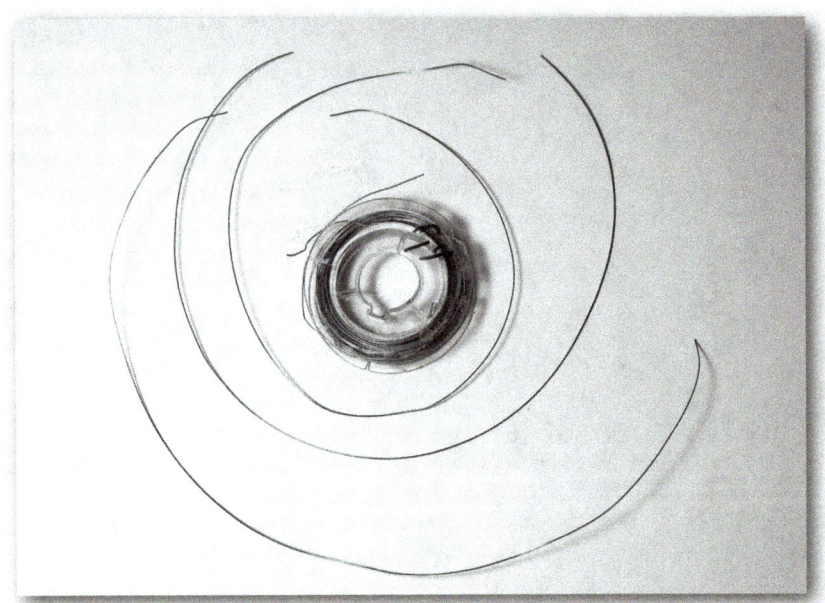

3

Verbinden Sie jedes Stück zu einem Ring, drücken Sie es dann in der Mitte zusammen und drehen Sie es, um einen Stock mit Schleifen an den Enden zu bilden.

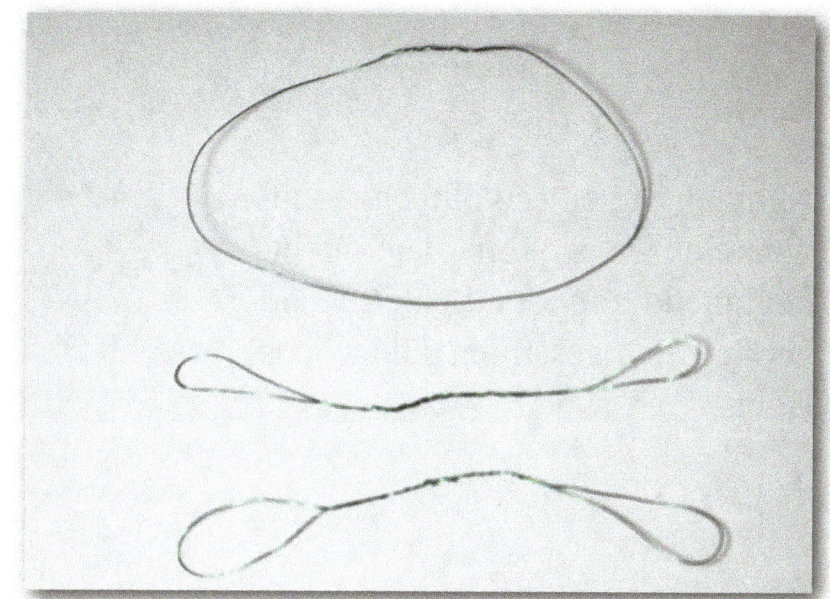

4

Verbinden Sie diese drei Teile, indem Sie zwei um eins wickeln. Verwenden Sie eine Zange, um die Verbindung stärker zu machen. Klemmen Sie den verdrehten Bereich.

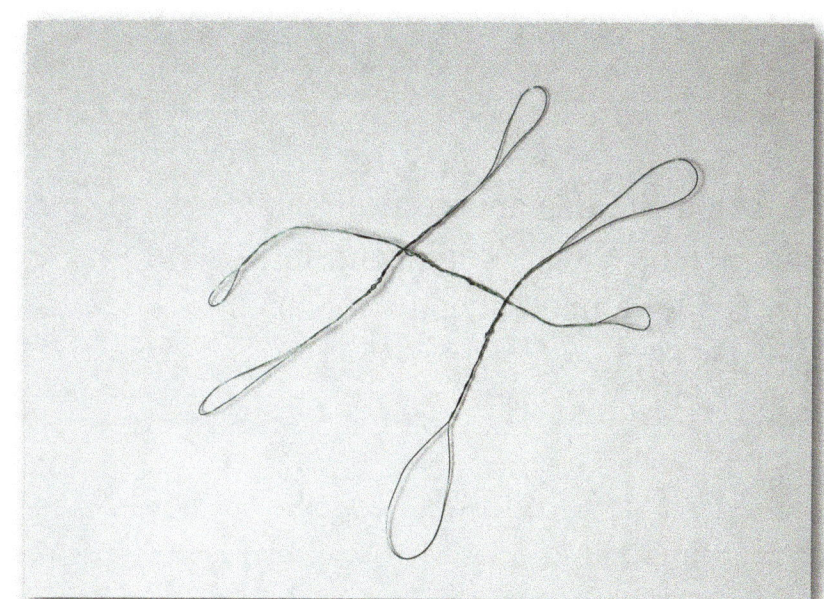

5

Biegen Sie die Enden, um das Skelett des Hundes zu bilden.

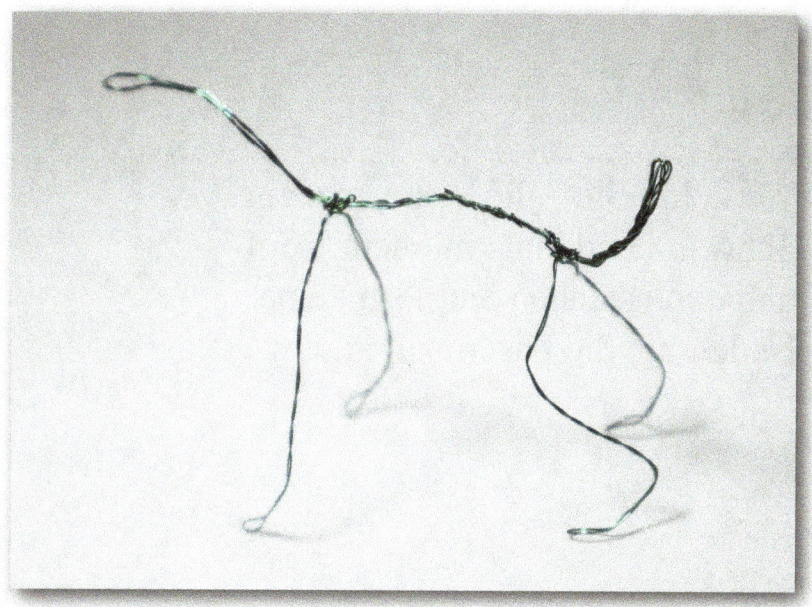

6

Nehmen Sie eine Wollmenge und wickeln Sie sie um den Draht, beginnend mit der Schleife und entlang der gesamten Länge des Beins.

7

Wickeln Sie das andere Bein auf die gleiche Weise, beginnend mit der Schleife und endend am Körper des Hundes.

8

Wickeln Sie alle Gliedmaßen, Schwanz und Hals mit dem Kopf und durchstechen Sie sie mit einer Nadel, um die Fasern zu sichern.

9

Fügen Sie Wolle für das Volumen am Körper hinzu und durchstechen Sie sie mit einer Nadel, bis die Wolle vollständig verfilzt ist.

10

Fügen Sie Wolle in Portionen hinzu und formen Sie den Körper und die Beine.

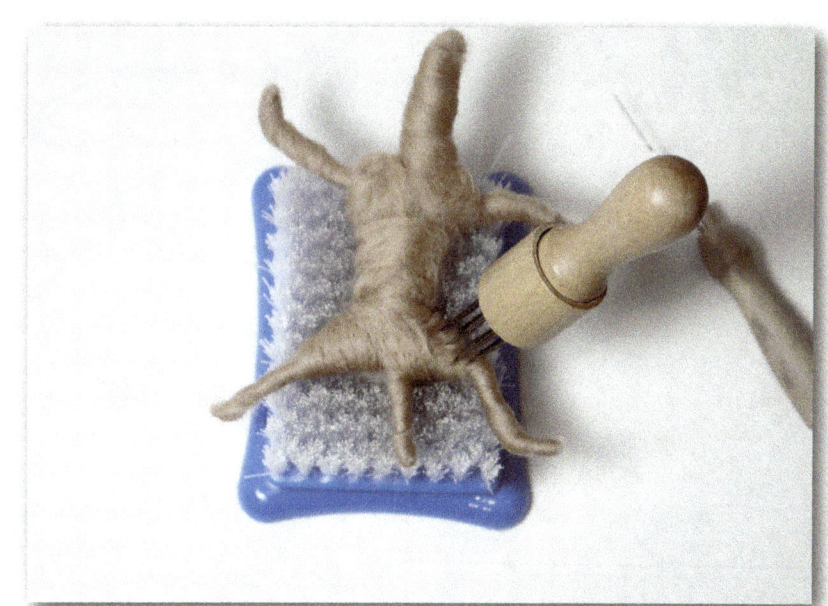

11

Durchstechen Sie die Teile mit einer dünnen Nadel, um die Wolle zu sichern.

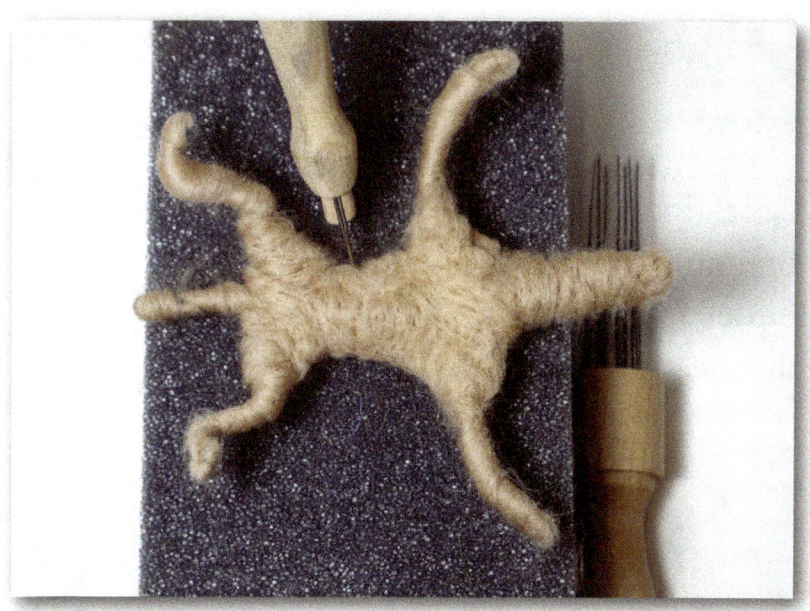

12

Falten Sie das Stück in der Hälfte und sichern Sie es erneut, indem Sie es mit Nadeln durchstechen.

13

Filzen Sie die Wolle für die Ohren und befestigen Sie sie am Kopf.

14

Befestigen Sie mehrere Stränge braune Wolle, um die Augen zu bilden, und schwarze Wolle, um die Nase zu bilden.

15

Die Basis des Hundes ist bereit. Jetzt müssen Sie an dem Fell arbeiten und ihm das richtige Aussehen geben, je nach Rasse des Hundes. In diesem Beispiel ist es ein Pudel.

16

Um die Wolle lockig zu machen, wickeln Sie die Fasern auf Zahnstocher auf und befeuchten Sie sie mit Wasser.

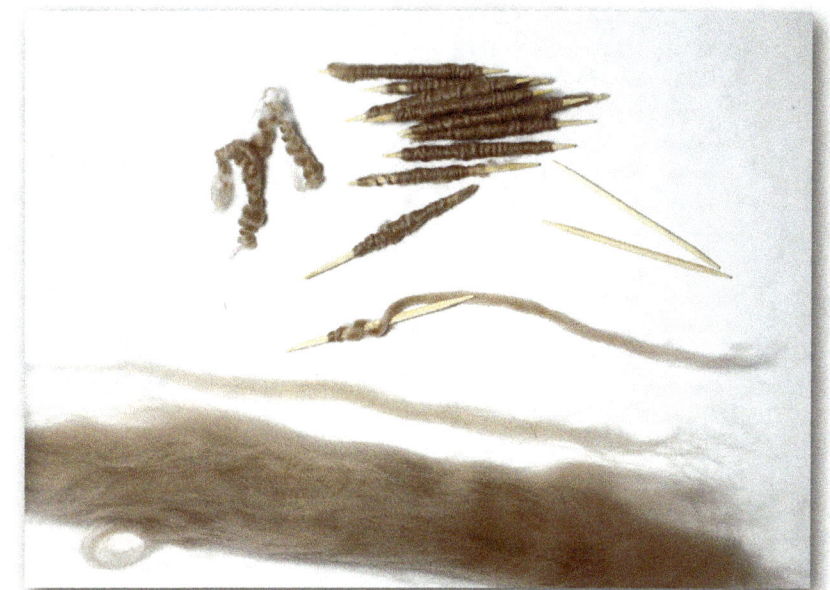

17

Nachdem sie getrocknet sind, nehmen Sie die Fasern ab, reiben Sie sie zusammen und befestigen Sie sie am Körper des Hundes.

18

Fügen Sie Wolle zum Schwanz, zu den Pfoten und zum Kopf hinzu. Ihr hübscher Pudel ist fertig!

14. Puppe auf Drahtgerüst

Zur Herstellung dieser Puppe benötigen Sie:
- Nadeln in verschiedenen Stärken;
- eine Bürste, ein Polster;
- beige oder cremefarbige Wolle, braune Wolle für die Haare;
- Basteldraht, 0,4 mm dick;
- Schere.

Schneiden Sie zwei Drahtstücke, jeweils 40 cm (etwa 15,7 Zoll) lang, und ein Stück 60 cm (etwa 23,6 Zoll) lang. Rollen Sie ein 40 cm-Stück zu einem Ring und drehen Sie die Enden vertikal zusammen, etwa 5 mm (etwa 0,19 Zoll) lang – dies wird der Kopf und der Nacken.

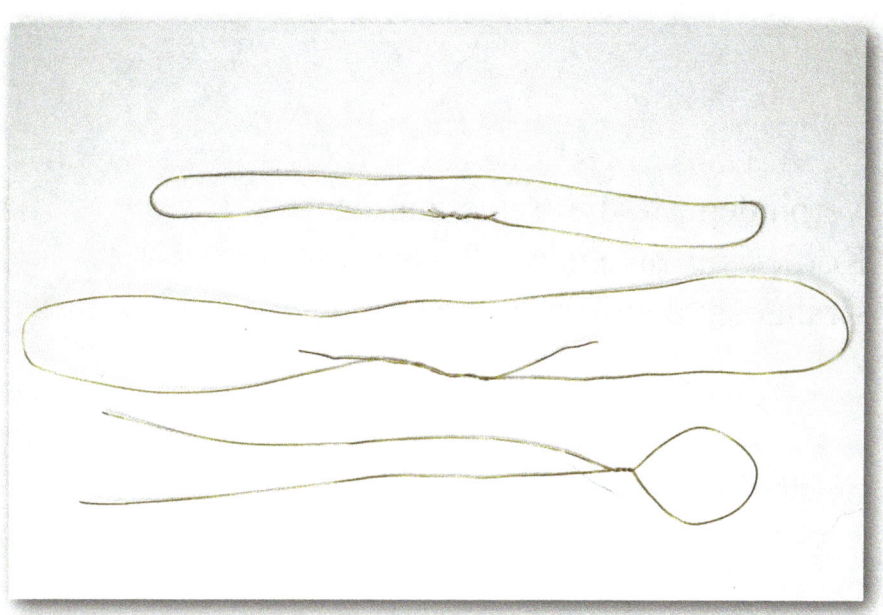

> Drehen Sie die Enden des zweiten 40 cm-Stücks horizontal – dies werden die Arme. Für die Beine drehen Sie das 60 cm-Stück auf die gleiche Weise, passen Sie jedoch die Länge an, damit es 4 cm (etwa 1,57 Zoll) länger als die Arme ist.

3

Drehen Sie die Teile für die Arme und Beine so, dass Schleifen an den Enden für die Handflächen und Füße verbleiben. Führen Sie die Arme zwischen die Enden des Drahts unter dem Hals ein und drehen Sie den Draht bis zum Ende des Körpers. Die Länge der Beine und des Körpers mit dem Kopf sollte gleich sein.

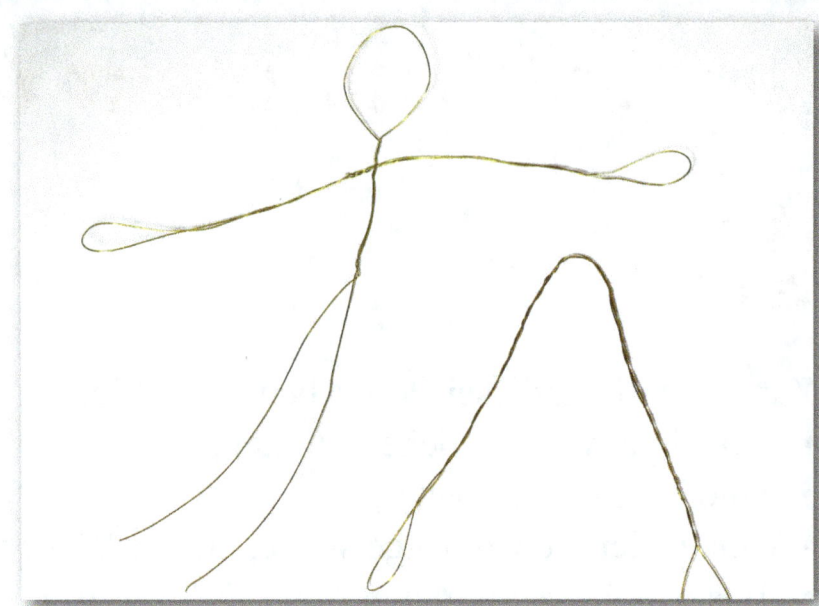

4

Verbinden Sie die Beine und den Körper, indem Sie die Enden des Drahts um den Körper drehen.

5

Sichern Sie das Gerüst der Puppe erneut, indem Sie die Hände um den Hals wickeln und die Enden der Beine um den Körper.

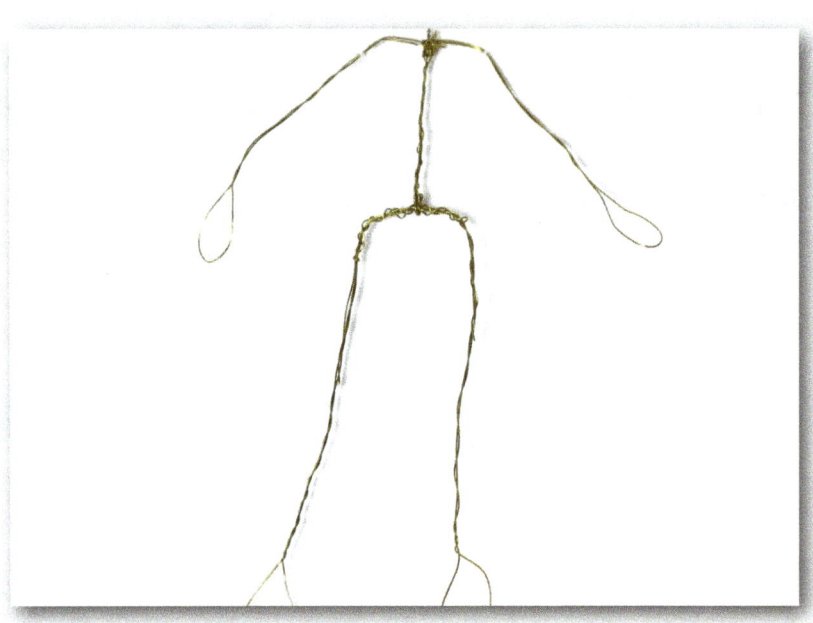

6

Nehmen Sie einen Wollstreifen und wickeln Sie ihn zuerst um den Draht des Kopfes, legen Sie ihn auf die Bürste und durchstechen Sie ihn mit einer Nadel. Achten Sie darauf, den Draht nicht zu treffen, um die Nadel nicht zu brechen. Wickeln Sie den Kopf mit einem großen Wollstück ein und durchstechen Sie ihn (auf der Bürste platziert). Fügen Sie weiterhin Wolle hinzu, bis Sie eine Kugel bekommen.

7

Wickeln Sie einen Wollstreifen um die Schleife an den Handflächen, wickeln Sie dann die Wolle um den gesamten Arm. Durchstechen Sie mit der Nadel flach und sichern Sie die Wolle vorsichtig um den Draht. Machen Sie das Gleiche mit dem anderen Arm.

8

Wickeln Sie die Wolle um die Schleife am Fuß der Puppe, um den Fuß zu bilden, und dann das gesamte Bein. Bedecken Sie den Kopf wie mit einem Schal mit einer gleichmäßigen Wollschicht von allen Seiten und binden Sie einen Wollstreifen um den Hals. Sichern Sie ihn am Hals, indem Sie ihn mit einer Nadel durchstechen.

9

Durchstechen Sie die Wolle an Armen und Beinen vorsichtig, ohne tiefe Einstiche zu machen, auf einer Bürste oder auf einem Polster platziert.

10

Wickeln Sie dann den Körper mit Wolle ein. Durchstechen Sie ihn mit einer Nadel, auf der Bürste platziert, und fügen Sie Wolle hinzu, bis Sie eine stabile Puppenform bekommen.

11

Sie können die Wolle um die Arme und Beine erneut wickeln und die gewünschten Formen zum Körper von vorne und hinten hinzufügen, indem Sie Wollstücke einfüllen. Wenn Sie möchten, können Sie anatomische Ähnlichkeit mit dem menschlichen Körper erreichen.

12

Nehmen Sie einen Haarstreifen und glätten Sie ihn.

13

Legen Sie ihn vom hinteren zum vorderen Kopf und durchstechen Sie ihn mit einer dünnen Nadel entlang der Kontur des Puppengesichts.

14

Befestigen Sie ihn an der Rückseite des Kopfes, indem Sie ihn durchstechen.

15

Ziehen Sie die Haare vom Gesicht weg und glätten Sie sie am Kopf.

16

Frisieren Sie die Haare wie Sie mögen – in einem Zopf, einem Dutt oder locken Sie sie. Sie können es mit Blumen, einer Krone dekorieren oder einen Hut machen, je nachdem, wie Sie es aussehen möchten.

17

Für Hausschuhe filzen Sie zwei flache Stücke, auf der Bürste platziert, mit einem Mehrnadel-Halter, drücken Sie von beiden Seiten nach unten, aber nicht zu hart, damit Sie die Wolle um den Fuß dehnen und biegen können.

18

Legen Sie das Stück auf die Rückseite des Fußes und sichern Sie es, indem Sie es durchstechen. Falten Sie die Kanten der Vorderseite des Fußes mit einer Nadel und durchstechen Sie sie, wobei Sie die Form der Hausschuhe schaffen.

19

Die Puppe ist bereit; es bleibt nur noch, Kleidung für sie zu machen.

15. Nassgefilzte Puppenkleider

1

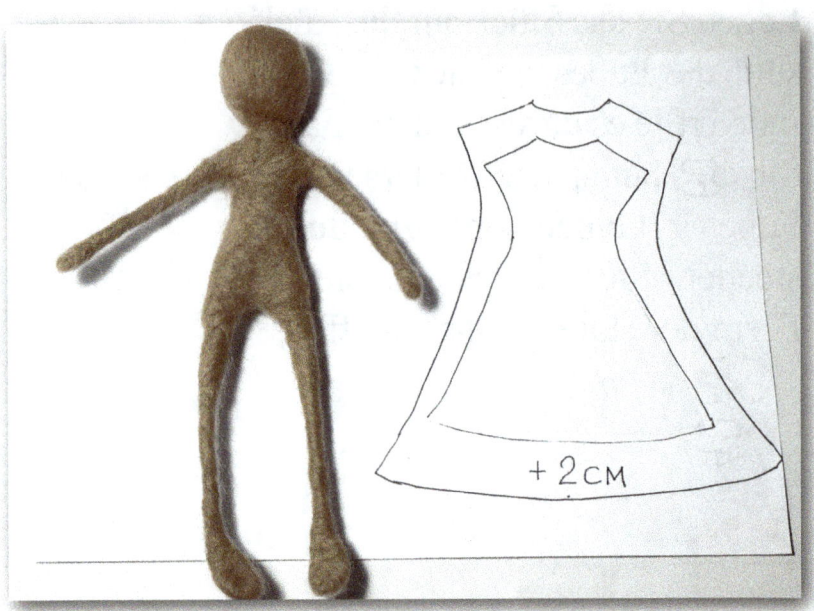

Um ein Kleid für eine Puppe zu machen, erlernen Sie die Technik des Nassfilzens von Wolle.

Fertigen Sie eine Schablone an für das zukünftige Kleid, indem Sie die Umrisse der Puppe auf Papier nachzeichnen. Fügen Sie etwas Platz an den Kanten hinzu und schneiden Sie sie aus.

2

Zur Herstellung benötigen Sie:
- eine wasserdichte Matte (Luftpolsterfolie wird häufig verwendet);
- Seife;
- warmes Wasser in einer Schüssel;
- Maschengewebe (z. B. Moskitonetz);
- ein Handtuch;
- einen Schwamm;
- eine Teigrolle oder ein Waschbrett;
- Filzwolle jeder Farbe;
- Verzierungen für Ihr zukünftiges Produkt (optional).

3

Legen Sie die Luftpolsterfolie mit den Blasen nach oben aus. Legen Sie die Kleiderschablone darunter. Nehmen Sie jetzt die Wolle zum Filzen. Ziehen Sie mit einer Hand kleine Büschel aus dem Streifen. Legen Sie die Büschel parallel zueinander und bedecken Sie die Schablone.

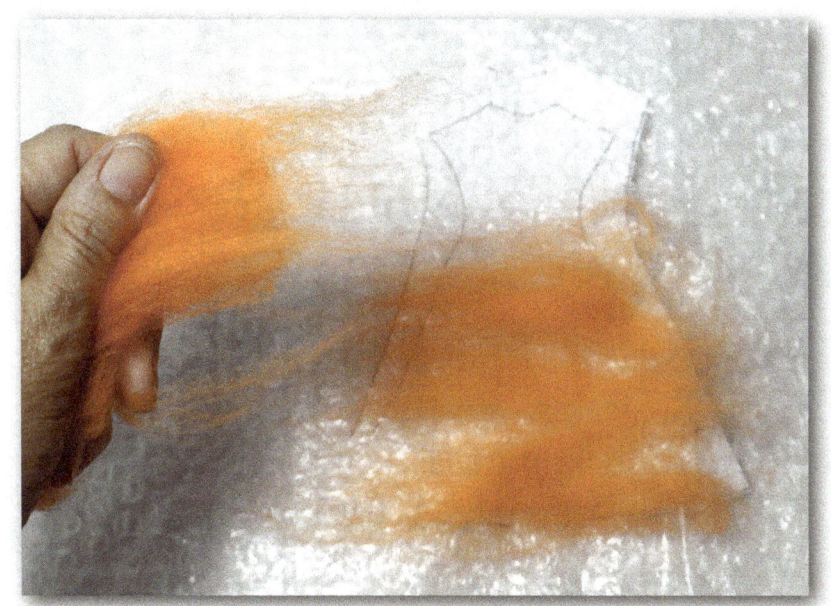

4

Sobald Sie die gesamte Fläche der Schablone abgedeckt haben, beginnen Sie mit der zweiten Schicht zu arbeiten. Legen Sie die zweite Schicht senkrecht zur ersten. Drücken Sie vorsichtig auf die Wolle und prüfen Sie auf Lücken. Lücken sind vorläufige Löcher im Stoff. Falls es Lücken gibt, bedecken Sie sie mit Wollbüscheln. In diesem Beispiel wurde gelbe Wolle am Boden zur Dekoration hinzugefügt.

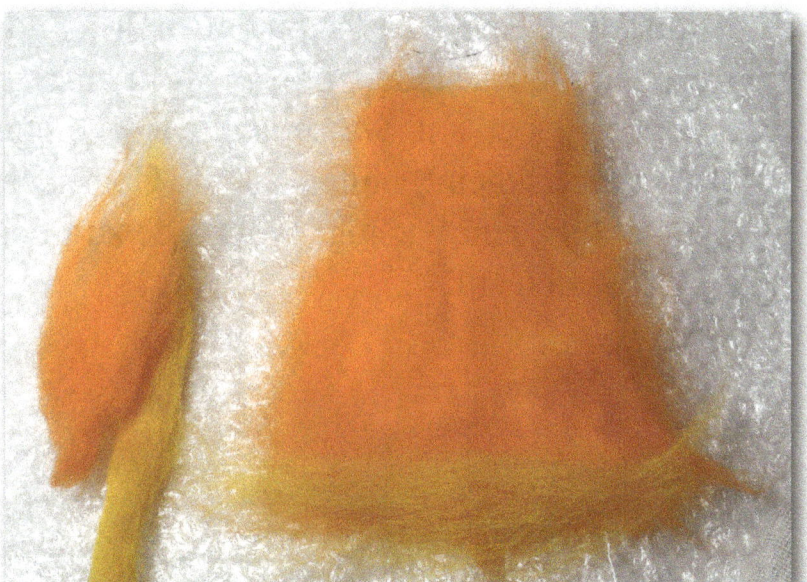

5

Nehmen Sie zwei Gläser warmes Wasser und lösen Sie zwei bis drei Esslöffel flüssige Seife in dem Wasser auf. Schäumen Sie die Lösung mit einem Schwamm auf. Bedecken Sie das Werkstück mit Maschengewebe. Es sollte es vollständig bedecken und noch größer als es sein. Beginnend von der Mitte, befeuchten Sie die Oberfläche mit der Seifenlösung. Um sicherzustellen, dass die Lösung tief eindringt, drücken Sie das Stück mit Ihren Händen. Wie können Sie feststellen, ob das Stück ausreichend durchfeuchtet ist? Es sollte ziemlich nass sein, aber kein Wasser sollte erscheinen, wenn Sie es mit den Fingern drücken. Falls Wasser erscheint, tupfen Sie die Oberfläche mit einem Handtuch ab. Das Gleichgewicht ist hier sehr wichtig: Wolle, die zu trocken ist, verfilzt nicht, und Wolle, die zu nass ist, löst sich auf.

6

Ziehen Sie Handschuhe an und reiben Sie die Wolle mit leichten kreisförmigen Bewegungen. Es sollte viel Schaum entstehen. Drücken Sie nicht zu fest. Überprüfen Sie nach einer Weile, ob das Stück am Maschengewebe haftet. Falls ja, reduzieren Sie den Druck.

7

Wenn die Vorderseite verfilzt ist, beginnen Sie, an der Rückseite zu arbeiten. Drehen Sie das Stück zusammen mit dem Maschengewebe um, bedecken Sie es mit einem anderen Maschengewebe und filzen Sie die andere Seite weiter.

8

Wenn die andere Seite fertig ist, nehmen Sie das Stück in Ihre Hände und reiben Sie es mit den Händen. Die erste Phase des Filzens ist abgeschlossen. Nehmen Sie nun die Teigrolle, entfernen Sie vorsichtig das Maschengewebe vom Stück, legen Sie das Stück zwischen Stücke Luftpolsterfolie und rollen Sie es auf die Rolle.

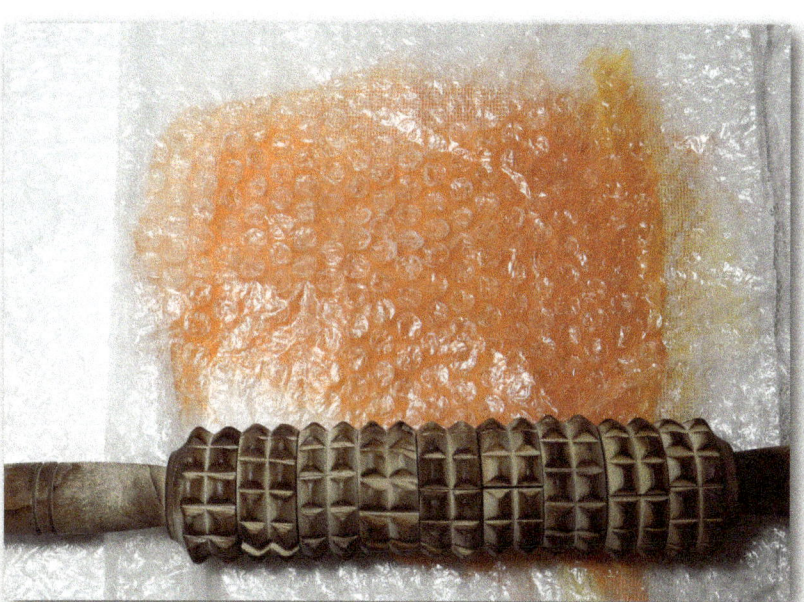

9

Rollen Sie das Stück über den Tisch; wenn es rutscht, legen Sie ein Handtuch darunter. Rollen Sie es dann auf, drehen Sie das Stück um 90 Grad und wiederholen Sie es. Falls Sie keine Teigrolle haben, können Sie das Stück auf einem Waschbrett ausrollen. Breiten Sie das Stück auf dem Brett aus und reiben Sie es, als würden Sie es waschen. Wenn es faltig wird, glätten Sie es, drehen Sie es um 90 Grad und reiben Sie es erneut.

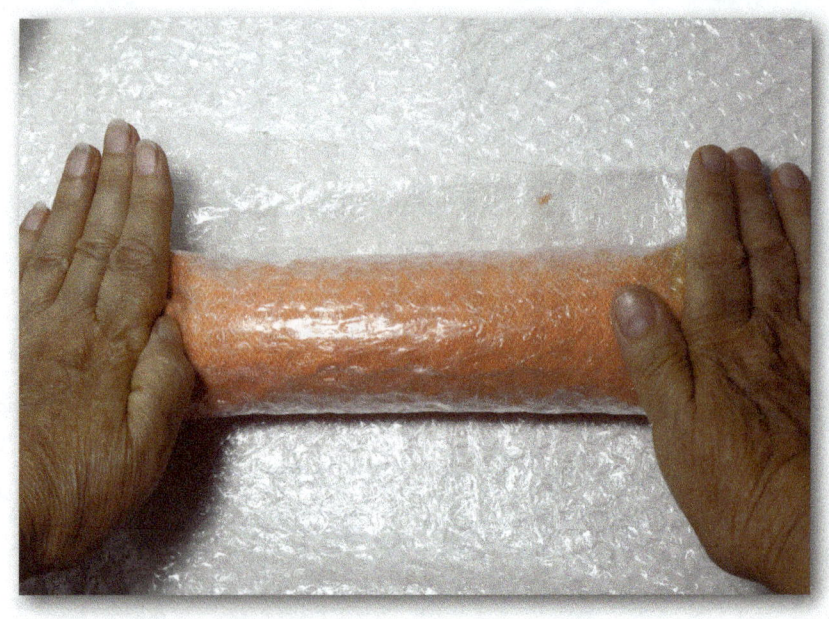

10

Machen Sie den zweiten Teil des Kleides auf diese Weise.

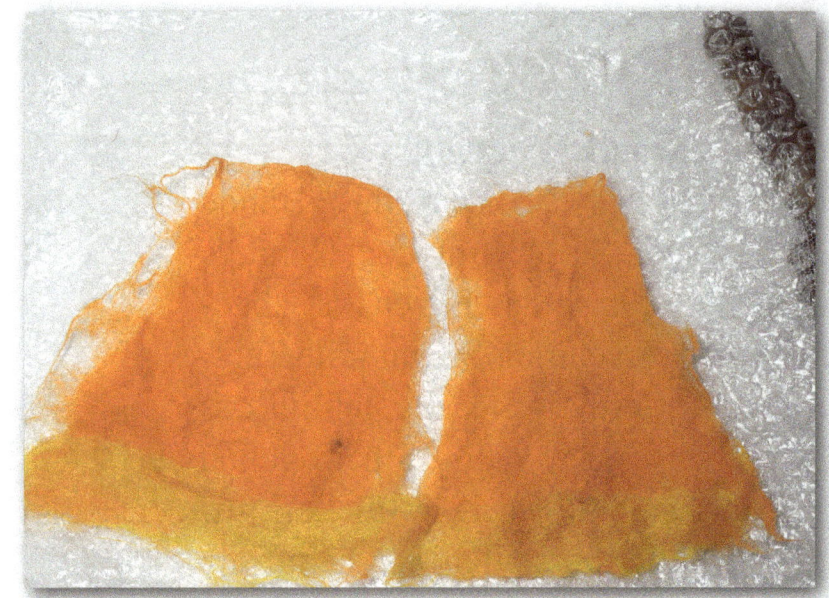

11

Beide Teile können durch Filzen entlang der Seitennähte verbunden werden. Legen Sie die Kanten übereinander und reiben Sie sie mit Ihren Händen zusammen, wobei Sie Seife hinzufügen, damit sie sich besser verbinden. Falls sie auseinander fallen, können Sie sie später mit Nadeln verbinden, wenn sie trocken sind.

Jetzt, da das Kleid verfilzt ist, muss es gespült werden. Legen Sie es in die Spüle oder Badewanne und gießen Sie heißes Wasser darüber. Spülen Sie es, bis das Wasser klar läuft.

12

Spülen Sie es dann mit kaltem Wasser und trocknen Sie es, indem Sie es in ein Handtuch rollen. Breiten Sie es dann auf einer horizontalen Fläche aus, um es vollständig zu trocknen.

13

Sie können das Kleid mit einem Haartrockner trocknen. Schneiden Sie die Kleidungsdetails mit einer Schere ab und schneiden Sie den Halsausschnitt und die Armlöcher nach der Schablone.

14

Sichern Sie die Seitennähte, indem Sie die trockene Wolle von innen mit Nadeln durchstechen.

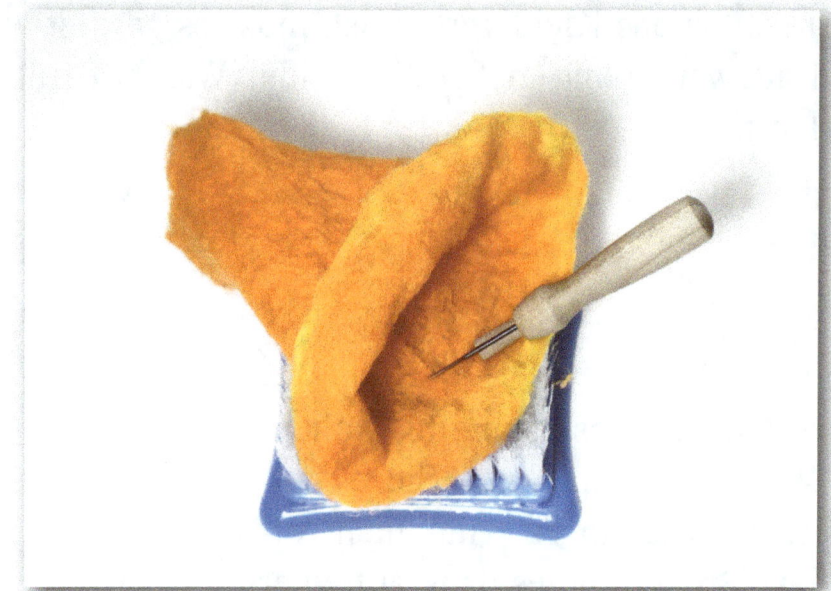

15

Um es einfacher anzuziehen, verbinden Sie die Schulternähte, wenn sich das Kleid bereits auf der Puppe befindet.

16

Verwenden Sie dünne Stränge aus Wolle einer anderen Farbe, um den Halsausschnitt und die Armlöcher zu dekorieren, indem Sie sie mit einer dünnen Nadel durchstechen.

17

Binden Sie das Kleid mit einem Wollgürtel und sichern Sie ihn, indem Sie ihn mit einer Nadel durchstechen.

18

Dekorieren Sie das Kleid wie Sie wünschen. Schaffen Sie das Aussehen einer Prinzessin, einer Fee oder Schneewittchen, indem Sie verschiedene Accessoires hinzufügen.

Die Puppe ist fertig!

Alle Videos (Playlist)

oder nutzen Sie den Link:

cutt.ly/Ur04Att7

Bei Fragen, Anmerkungen oder Vorschlägen kontaktieren Sie uns unter:
kostyayaroshenkocat@gmail.com

Ich hoffe, Sie haben Erfahrung und Freude beim Filzen von Wolle gesammelt und können nun jeden Gegenstand, den Sie sich wünschen und vorstellen, herstellen. Ich wünsche Ihnen kreativen Erfolg!

Margarita Sidorenko

Anton Davydov ist Musiker, Komponist und Mundharmonikalehrer. Dieses Buch basiert auf seiner ursprünglichen Lehrmethode. Eines der Hauptziele dieser Methode ist es, in kurzer Zeit das Improvisieren auf einem Musikinstrument zu lehren.

- Vollständige Grundlagentheorie mit einfachen Erklärungen und Beispielen.
- Ursprüngliche Improvisationstechnik für die Mundharmonika.
- Alle drei Grundpositionen auf der Mundharmonika spielen.
- Bequemer Großdruck im großen US-Letter-Format.

ISBN: 978-1962612074

ASIN: 1962612074

Deutschland

Die Sopranblockflöte ist ein sehr beliebtes Musikinstrument bei Kindern im Alter von 8-14 Jahren und wird oft sogar in Schulen unterrichtet.

Sie ist das einfachste Blasinstrument für Anfänger. Du hörst ungewöhnliche und faszinierende Klänge, die du selbst erzeugst! Es kann zu einer großartigen Erfahrung werden: Man bedenke, dass man dieses Instrument in nur ein paar Unterrichtsstunden lernen kann!

Das Buch enthält auch grundlegende Musiktheorie, praktische Übungen und 60 Lieder. Avgusta hat zusätzlich Videos aufgenommen, die du dir online ansehen kannst, um das Blockflötenspiel leicht zu erlernen.

ISBN: 979-8392278572

ASIN: B0C2RPJ6C3

Und es ist toll für Erwachsene

Deutschland

Es ist ganz einfach, seine Lieblingslieder auf dem Klavier spielen zu lernen!

Das Klavier ist heute das wohl beliebteste Musikinstrument der Welt. Dieses Instrument zu spielen, wird ein unvergessliches Erlebnis für dich sein.

Das Buch enthält Musiktheorie, praktische Übungen und 60 beliebte Lieder für Kinder und Jugendliche.

Die Autorin des Buches, Avgusta Udartseva, ist eine enge Freundin von mir und so kann ich dir ihr Buch zum Klavier lernen nur wärmstens empfehlen!

ISBN: 979-8432526090

ASIN: B09VH6Q1H7

Und es ist toll für Erwachsene

Deutschland

Eine Vollständige Anleitung für Anfänger. Für Kinder ab 12 Jahren und Erwachsene.

Diese Schritt-für-Schritt-Anleitung ist für jeden geeignet, der sein Instrument beherrschen und seine Lieblingssongs mühelos spielen lernen möchte. Das Buch ist auch für diejenigen, die lernen wollen, zu swingen, den Blues zu spielen und um das Improvisieren zu erlernen.

Das Buch ist in erster Linie für Altsaxophon gedacht, eignet sich aber auch für Tenor- und Sopransaxofon.

ISBN: 978-1-962612-12-8

ASIN: 1962612120

Deutschland

www.ingramcontent.com/pod-product-compliance
Lightning Source LLC
LaVergne TN
LVHW081359060426
835510LV00016B/1904